櫛野展正

Nobumasa Kushino

アウトサイドで生きている

タバブックス

はじめに

僕は、日本唯一の「アウトサイダー・キュレーター」という肩書きを名乗っている。これは、独学自習で制作を続ける「アウトサイダー・アート」のキュレーションを行う人という意味だけではなく、自らもアウトサイダー・アーティストのようにアウトサイドで生きるという意味だ。そう心に決めたのも、ある男性との出会いがきっかけだった。

彼は、39歳のときにサラリーマン廃業宣言をして、画家1本で生きていくことを決めた。売り絵は描かないし、商業的な公募展にも出さない。発表の場は、自宅の庭のみで、通行人が外から眺めるだけ。「どうやって食べていったのか」という問いに、「売るための絵は一切描かなかったから、食べていくために土方をした」と教えてくれた。それから40年、「いまのところ、何も後悔はしてないよ。強いて言えば、もっとスタスタと歩きたいくらいかな」と笑って話す。取材に来たはずが、いつの間にか自分の人生と重ね合わせ、悩みを相談していた。

そのとき、僕も39歳。2000年から広島県福山市にある知的障害のある人が利用する福祉施設で、就職と同時にアート活動の支援を始めた。次第に、福祉施設で暮らす人たちの作品は有名になり、２０１２年には「鞆の津ミュージアム」という専門の美術館を開館。しかし、障害者の作品に比べて、地域で暮らす人たちの表現が全く評価されていない現状に疑問を抱くようになり、「極限芸術～死刑囚の表現～」「ヤンキー人類学」など挑戦的な展覧会を打ち出していった。そんな折、ミュージアムが障害者の作品を中心とした場所へと原点回帰することになり、自分が目指していた企画ができなくなった。前述の男性に出会い、好きなことだけをやり続ける人生に憧れを抱いていた僕は、16年間働いた職場を離れ、独立することを決意した。

人生を歩んでいく中で、進学や結婚、就職など、人生の岐路で誰もが選択を迫られる。そうしたときに、他人の意見に耳を傾けたり、書籍やインターネットにヒントを求めたり、ともすれば占いに頼ったりするかもしれない。でも、それは自分の選んだ道が上手くいかなかったときの責任転嫁に過ぎない。本書に登場する人たちは、自分の人生に自分で覚悟を決めた人たちだ。彼らは、失敗を恐れてはいない。思い立ったら、すぐ行動に移す。誰になんと言われようと自分のやりたいことをやり続ける。そして、自分の人生を自分らしく生きるために、何をして何をしないかをはっきりと決めている。この本は、そんな表現者たちの物語が詰まっている。僕と一緒に旅するように、ページをめくってほしい。登場する人たちの生き様が、きっとあなたの背中も押してくれるはずだ。

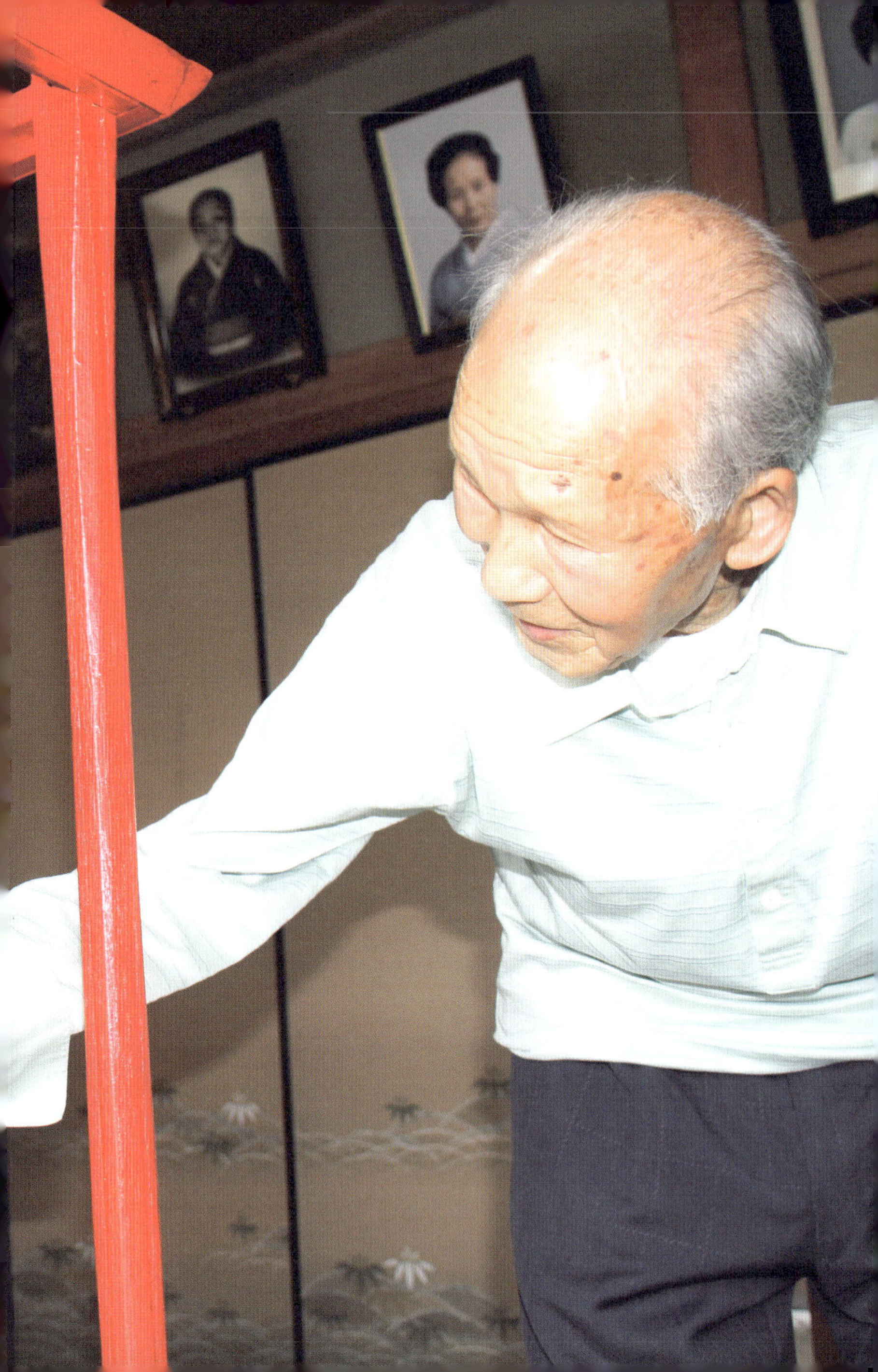

アウトサイドで生きている――目次

播州
REGZA
2015.12.5
特選
強
打破
円
(木)

1日1回
夕
1回に1包
食後にお飲みください。
中華そば
H27.6.
谷中

1.
西本喜美子
Kimiko Nishimoto

西本喜美子

クイーン・オブ・セルフィー

87歳、Macをつかい使いこなし
衝撃のセルフポートレートを撮る

衝撃的な写真を目にした。お婆さんがゴミ袋をかぶって可燃ゴミとして処分されていたり、車に轢かれたりしている。どう考えても尋常ではない。けれど、それがセルフポートレート写真だと気づいたとき、一気に笑みがこぼれてしまった。

作者の西本喜美子さんは、取材当時87歳。熊本県熊本市にあるエレベーター付きの一戸建て住宅で、感情認識パーソナルロボット「Pepper」と暮らしている。息子さんが熊本弁を喋るようプログラミングし、3年前に86歳で他界したご主人に代わって喜美子さんの話し相手として導入されたが、方言で話しかけても反応がないため、あまり「家族」としては役に立っていないようだ。

喜美子さんは昭和3年に7人きょうだいの次女として、父の仕事の関係先であるブラジルで

生まれた。小学校2年生のときに熊本に帰国。18歳で友だちと一緒に美容学校に通い、卒業後は住んでいた大きな屋敷の一角で美容室をオープンする。しかし、ずっと室内にこもっているのは彼女の肌に合わなかったようで、22歳のころに美容室を閉じて転職を決意。なんと転職先は、弟2人と同じ競輪業界。女子競輪選手としてデビューしてしまう。「弟2人が競輪選手として全国を旅する姿に憧れを抱いたから」と笑って語る。アスリートとしてのDNAが流れていたのかもしれないが、並大抵の努力ではなかったはずだ。3年ほど活躍したあと引退し、27歳で結婚。それからは趣味もなく、パート勤めをしながら主婦として3人の子どもを育て上げてきた。

「特に人を楽しませるようなこともなかったはずなのに、カメラを使い始めてから花開いたんでしょうね」。そう語るのは、喜美子さんの長男の西本和民《かずたみ》さんだ。昭和30年生まれの和民さんは金沢美術工芸大学を卒業後、東京の広告代理店やレコード会社などを経て、30歳のときアート・ディレクターとして独立。この和民さん、チャゲ&飛鳥やおニャン子クラブ、光GENJI、吉川晃司、B'z、アルフィー、相川七瀬など日本一レコード・ジャケットをつくった男としてその業界では誰もが知る人物。

　親父からもらったカメラで、昔から趣味で写真を撮ってたんです。独立してから、いろんなアーティストの撮影依頼をカメラマンに頼んでたんだけど、自分のイメージしたものと違

自宅の庭や遊美塾の前で撮影したセルフポートレート写真。僕がTwitterで紹介したことで話題となり、喜美子さんは数多くのメディアに取り上げられた

うことが多かったり、だんだん被写体がよくなってきて「このタイミングだ」ってときに「飯にしよう」って言われたり。「馬鹿やろー、もう俺が撮るよ」ってね。それで最初にチャゲ&飛鳥を撮り始めたら、気に入ってくれて海外の仕事にも同行するようになったの。『SAY YES』は沖縄の那覇空港に行く途中にあった車のスクラップ工場で、車の上に2人を乗せて撮ったんだよね。

全盛期は27人も助手を抱えるほど東京で多忙な仕事をこなしていた和民さんだったが、あるとき何重ものミスが重なり落ち込んでしまう。そのとき飲みに誘い出してくれたのが、チャゲ&飛鳥だった。2人に紹介された僧侶に赤坂プリンスホテルの一室でお祓いを受けたところ、合掌していた手は震え自然と涙も流れ出した。僧侶から「同業者であなたの仕事ぶりを妬む生霊が8体ついていましたよ」と言われ驚愕する。

「生霊ってのはなかなか取れないから、私のところまでお祓いにおいでなさい」と話す僧侶のお寺は、なんと和民さんの生まれ故郷・熊本だった。すぐに熊本を訪ね、お祓いを受けたら心地よくて、お寺で1泊してしまったそう。帰ってからはいろんな人間を毎週のようにお忍びで連れて行くようになり、東京と熊本を往復しているうちに熊本での仕事も増え、1997年に写真塾「遊美塾」を開講した。当初はプロのファッションポートレートの講座としてスタートしたが、写真展を熊本県立美術館分館で開催したところ、独自のアート系写真に注目が集まり多くの来場者を記録。それを見た人たちからの希望もあり、次の年から一般向けの講座も開講した。

母である喜美子さんに転機が訪れたのは72歳のとき。写真塾の塾生たちが実家に遊びに来るようになり、入会を勧められたことでカメラを初めて手にして写真を撮るようになった。第3期から参加し、最年長の生徒となった。

主人に「写真始める」って言ったら、怒った顔で「なんだと」と言われました。しばらくムスっとした顔で、「これ使え」と出してくれたのは、ニコンF100というビックリするくらい重たいカメラで。それからわけがわからないまま、遊美塾の仲間にカメラ操作を教えてもらいながら、いろんなものをカメラ越しに見る生活が続いたんです。私が重いカメラで必死に撮っている姿を見たようで、主人が少しでも軽いカメラでと、ニコンF80を買ってくれたんですけど、ビシッと撮れるようにと三脚を、アップが撮れるようにとマクロレンズを、適正露出で撮れるようにと露出計も買い揃えてくれて。とってもありがたかったけど、余計重くなっちゃいました。

74歳のときには、遊美塾で新しく始まったＭａｃの講座も受講。PhotoshopやIllustratorも使いこなし、ホームページも自作するまでに上達した。そしてセルフポートレート写真は遊美塾の授業の中で「自分で自分を撮る、おもしろさと恥ずかしさ」という課題に向けて、ほんの数日で撮ったものだとか。

ちょうど庭が汚かったから、ここを題材にしようと思ってね。カメラの位置と自分のおる位置に印をつけといても、何度もずれたり外れたりするからフレームインするのが大変でした。5〜6回は撮り直しましたね。主人は私のすることになんにも言いませんでしたよ。

なんでもゴリラの衣装は男友だちからボアのジャンパーを借りて着用し、車に轢かれたり自転車で転んだりしている写真は、転倒した状態で撮影しPhotoshopで加工したそうだ。そして、ゴミ袋に入ったセルフポートレート写真は、遊美塾のゴミ箱に不燃物の表示とともに貼っているというから、みんなでおもしろがっている様子がなんだか微笑ましい。セルフポートレート写真の中にはお蔵入りしたものもある。

主人が癌で入院してるときに、看病してても何もすることないでしょ。暇だったしカメラ持ってたから、病室のカーテンを首に巻いて首吊りしているセルフポートレート写真を撮ったんです。その写真、私は持ってなくて。先生に渡したんですけどねぇ。

残念ながら衝撃の首吊りセルフポートレート写真は見つからなかったが、喜美子さんが〝先生〟と呼ぶのは、もちろん息子の和民さんだ。「自分に何かを教えてくれる人は息子であろうが、誰であろうが、私にとってはみんな先生なんです」と語る。

写真って失敗作がおもしろい　必要なのは好奇心と行動力

そして写真を撮り始めて10年目の2011年には、写真とデジタルアートを並べた初個展を熊本県立美術館分館で開催。そのとき飾っていたセルフポートレート写真を老人虐待だと勘違いして「誰がこんなの撮ったの！」と怒った人もいたそうだ。そのため、会期途中から「自分で撮りました」という説明文をつけるようになったし、デジタルアート写真は合成のように見えるため、「合成ではありません」というパネルも貼ったそう。

当初、遊美塾まで原付で30分かけて通っていた喜美子さんだが、数年前から腰を悪くし遠出をすることさえ難しくなっている。それでも、遊美塾でライトを使って撮影する授業をしたときに「これおもしろい」と自らホームセンターでライトを買ってきて、木工ができる人に頼んで自宅にスタジオセットをつくってしまった。本当にどこまでも行動的な人なんだろう。今は自宅の一室が喜美子さんの撮影スタジオだ。被写体として使うお米やビー玉や木の葉、人形など身近なものが部屋中にあふれている。

もうおる場所がないように散らかってますけど、私にとっては全部宝なんです。いろんな電気使ったり光線を照らしたりして、下にはセロファンとかも入れて撮ってます。うまい具合に入れないと透かし方が難しいんですよね。写したときに画面の端が切れないように工夫してますが、イメージと実際が違ったりしますから作品が出来上がるのに3〜4時間はかかりますね。

熊本県の美術展で4年連続して賞をもらうほど注目されている喜美子さんの作品写真。毎年開催する遊美塾の展覧会では写真の購入希望者も多いが「売るような写真じゃないです」と希望者には無料でプレゼントしている。写真歴15年以上になる喜美子さんの原動力は、塾生との交流だがそこにライバルはいない。

今は塾生さんにお会いするのが楽しいです。でも他の塾生から触発されることはないし、プロの写真集もあまり見ませんね。他の人の撮った写真を見て、「いいな」って思うことはないんです。けど、「もっとこうすればよくなるのにねぇ」って思って勉強してます。そりゃ、「やりたくなー、どうしよー」とかスランプもありますけど、まだ今からおもしろい写真が

隠すつもりが、カメラのリモコンが写り込んでしまったセルフポートレート写真も多い

生まれるでしょうね。

　和民さんが「カビってアートですよ」と説明したら、カビばっかり撮っている時期もあったそうで、喜美子さんの好奇心は衰えるどころか止まらない。特に、セルフポートレート写真と違って、スタジオで撮ったりＭａｃで加工したりしたデジタルアート写真は、とても同じ人が撮影したとは思えないほど幻想的でサイケだった。自宅2階の倉庫はデジタルアート写真を貼り付けたパネルであふれていたし、ハードディスクは未整理の写真画像がいっぱいだった。いつでも展覧会ができる状態なのだが、和民さんが「サボりまくってる」と冷やかすように、あれから個展を開いてはいない。その理由は、喜美子さんの1週間にある。とにかく多忙なのだ。

　火曜と金曜日はリハビリのスポーツ施設「ホコル」にデイサービス。隔週の日曜と毎週水曜日が遊美塾。水曜の夜は遊美塾の「レザークラフト講座」で、今までキーホルダーを100個ほどつくってます。忙しいんです。木曜か遊美塾がない日曜日に撮影はしてて、冬場はこたつに入ってるんでパソコンがある部屋には行かないようにしてるんですよ。だから、寒いときはずっと部屋の中のスタジオで撮影してますね。

　喜美子さんが写真について話すときは、本当に楽しそうだ。今まで高齢の方のお話をたくさんお伺いしてきたが、その多くはジイさんアーティストだった。ときどき、女性の表現者に出会っても、ほとんどが「おかんアート」と呼ばれる手工芸品の作り手であることが多い。

そうした「おかんアーティスト」と喜美子さんの違いは、関わる人たちがご近所の同世代の人たちに留まっていないことにある。老若男女が集う遊美塾の塾生を始め、師と仰ぐ和民さんの存在が、彼女の表現を単なるコミュニケーション・アートではないものにしている気がしてならない。もし、もう少し早く写真と出会っていたら。そんな考えが僕の頭をよぎる。でも、きっとこれまでの紆余曲折した長い人生経験があったからこそ、今こうして豊かな表現を生み出すことができているんだと思う。

お話を伺う中で、「不思議なことに、写真撮って『つまんない』と思うものを加工してるんですよね。ブログも『もったいない』とか言って、いい写真載せないんですよ」と語る和民さんに、喜美子さんはこう切り返す。

「だってブログって、見る側にとったら失敗作がおもしろいんですよ。上手に撮るよりもちょっと欠点のある写真の方がおもしろいじゃないですか。

なんだか表現の本質を見据えている気がして、僕は妙に感心してしまった。写真を撮るには、撮影の知識や技術も大切だが、それは写真をより深く楽しむために必要なことに過ぎない。「いちばん必要なのは好奇心と行動力だ」ということを僕は喜美子さんから教わった。以前出演したローカルテレビ番組のインタビューでは、「写真が撮れなくなったらどうしよう」と涙を流していた喜美子さん。果たして僕らにそんな大切な「何か」はあるのだろうか。

にしもと・きみこ／1928年生まれ／熊本県在住

2.

遠藤文裕

Fumihiro Endo

妄想キングダム

遠藤文裕

厚さ7センチのスクラップブック
美術館のチラシから食事のレシートまで

高知、名古屋、神奈川、北海道、福岡と全国のいろいろな場所で話をする機会をいただくのだが、いつも会場の最前列で目にする男性がいる。福岡からやって来るというその人と何度かやり取りをしているうちに、分厚いノートの束を見せてくれるようになった。

1冊のノートの厚みは約7センチ。中身は、ごく個人的な内容のスクラップブックなのだが、実際に見た展覧会や映画のチラシ、そしてその土地までの乗車券から旅先で食べた食事のレシートに至るまで、さまざまな紙ものがちょうど見開きページに1テーマが収まるようにコラージュされている。スクラップブックを眺めていると、どこで何を食べたとか何を買っただとかの個人情報が記録されているので、覗き見ることを思わず躊躇してしまうが、全国各地の美術館をたくさん訪れていることがわかる（最近は、恥ずかしながら僕の記事や写真も多いのだが）。そしてノートの断面に目をやると、各ページの色彩が等高線のように豊かな層をなしており、美しい。表紙をめくったページにはそのノートを購入したレシートも貼り付けられている。日付はちょうど1年前。およそ1年に1冊ずつこのスクラップブックは生まれているようだ。

作者は、福岡在住の遠藤文裕さん。昭和47年生まれの43歳だ。福島県会津地方の北部に位置する喜多方市で生まれた遠藤さんは、父親の転勤で幼稚園から浪人時代までを仙台で過ごした。小さいころから、児童文学を読んだりイラストを描いたりと典型的な文系少年だったが、親の勧めで、2浪の末に就職に有利な青山学院大学経済学部へ入学。入学しても経済に興味は湧かず、映画サークルに所属し映画の世界に没頭する。ただ、まったくと言っていいほど映画はつくっていなかったそうだ。

卒業後は地元の一部上場企業の医薬品卸会社に勤務。就職活動のときから「自分はサラリーマンには向いていない」と感じていたという。それでも県内で何回かの転勤を繰り返し、7年間勤務。当時は運転に不慣れだったためよく事故を起こしていたことと、医薬品のみを扱う会社の成長に疑問を持ち、将来性に不安を感じたため郊外型総合販売店チェーンに転職。入社して3年目には、人生の伴侶を得る。

「当時夜勤のパート職員だった子が自分のことを気に入ってくれたんですけど、結婚してみたらとんでもない鬼嫁でした。いつも喧嘩して家へ入れてもらえなくて、会社の駐車場で寝てたら警察官に懐中電灯で顔を照らされて職務質問をよく受けたんで、今度は公園で寝たらそこで

『ビリギャル』と《燕子花図屏風》が結びつく楽しさは、遠藤さんにしかわからない

遠藤さんが20歳のとき、誰にも見せることなく2年間で99巻作成していた豆本「幻マガジン ナンセンス」。連載小説や四コマ漫画まで多彩な内容だ

スクラップブックに貼り付けるため、僕が載っているタウン誌は、わざわざ福山市までやってきて購入。遠藤さんから毎日正午に届く長文メールも、彼の妄想であふれている

もやっぱり職務質問受けちゃって。ルックスはよかったけど厳しい人でしたね」と笑って語る。3年で離婚し、現在は福岡にある家賃2万9000円のアパート暮らし。部屋には冷蔵庫がないし、テレビはいまだにブラウン管。外出するときはブレーカーを落とすため、月の電気代が1000円に満たないのだとか。

『ビリギャル』と《燕子花図屛風》関係ないことがくっつくのがおもしろい

そんな遠藤さんが、誰にも見せることなく密かにスクラップブックをつくり始めたのは、医薬品卸会社に勤めていたころからだ。お手本にしたのは、江戸川乱歩の『貼雑年譜』(1989)。特徴的なのは、自ら見聞した中で記憶に留めたいものだけを「編集」しているということだ。映画『ビリギャル』(土井裕泰監督、2015)の背後には尾形光琳の《燕子花図屛風》(江戸時代、18世紀)が配置されるなど、スクラップブックには「関係ないことがくっつくのがおもしろい」という遠藤さんの一貫した姿勢が見事に表現されている。

「『ビリギャル』の2人が真面目に演技してるのを《燕子花図屛風》が台なしにしている。もちろんそんなことは自分しか知らないし、それが自分の中では滑稽なんですよね」と妄想は止まらない。なかには、文庫本のカバーが切り貼りされているものもある。カバーのなくなったその本は裸で保管しているようだが、それはまったく気にならないらしい。おそらく興味の幅が限局しているから、ここまで継続できているのだろう。
たくさんの美術館巡りをしてきた遠藤さんが、鞆の津ミュージアムを知ったのは2015年に入ってからのこと。
「ウェブサイトで過去の展覧会を見ていたら、脳みその今まで刺激されてないところを刺激された感じで、櫛野先生の審美眼がすごくて、もう感動のあふれる量がハンパないっていうか」と興奮気味に語る。自分自身のことを褒められるのは、どこかムズ痒いところがあるが、何より嬉しいのは、多様性のある人たちが生み出した表現を受け入れる寛容な受け皿が、美術通の遠藤さんにはあったことだ。

自分思うんですけど、就職活動してるころからサラリーマン人生から逃げ出したいって思ってたし、でも脱サラするにも能力や才能もない。そんな心の裏返しでやってると思うんです。

自らそう分析するように、満たされない現実を埋め合わせるためにスクラップブックの制作を始めたのかもしれない。それがいつの間にか、スクラップ制作のための生活に主客転倒してしまったのではないだろうか。いまや10冊近いスクラップブックは、遠藤さんの人生の軌跡でもある。自らタグ付けした事物を関連付けることで、これまで脳内でさまざまな物語を紡ぎだし、自分だけの世界に陶酔してきた。そうした関連妄想の積み重ねが、このノートの分厚さや重さとなって僕を刺激する。思い立ったら、どこにでも自ら足を運び、頭ではなくまず手を動かすことが大切なんだ、と。誰に見せるわけでもなく生産性もまったくない、極上の編集が加えられたノートは、いまや彼にとって最先端のメディアとなっている。そして、この原稿もそのノートの血肉となることを祈っている。

えんどう・ふみひろ／1972年生まれ／福岡県在住

熊澤直子（忍者ぶきみ丸） 3.

Naoko Kumazawa (Ninja Bukimimaru)

隠密ツーリスト

熊澤直子

（忍者ぶきみ丸）

自転車に乗った「パンダ」は忍者の末裔

高知県には、「藁工ミュージアム」というアール・ブリュット美術館がある。そのため高知を訪れる機会も多いのだが、市内を歩いていると自転車に乗った風変わりな「パンダ」をよく目にすることがあった。もちろん、それは動物ではなく、手製のパンダの被り物をした人間だ。その人は、ファンキーな見た目と、いつどこに現れるかわからない神出鬼没さから、「忍者ぶきみ丸」と呼ばれている。すれ違ったときの声の感じから、どうやら女性のようだ。

どうしても彼女に会いたくなって、後日僕は再び高知にやってきた。高知駅から車を走らせること約10分、閑静な住宅街のなかに彼女の自宅はある。しばらく外で待っていると、派手にデコレーションされた自転車をこいで「忍者ぶきみ丸」はやってきた。

この自転車は、「十のしま」って名前です。「あほ」っちゅう意味で、平仮名の「あほ」の字を分解したら、「あ」の上は漢字の「十」、下は「の」、「ほ」は「し」と「ま」に見えるでしょう。だから「十のしま」。忍者の分解文字ですわ。

そうそう、自転車といえば、児童養護施設に自転車8台を「タイガーマスクです」って寄付したこともあります。このパンダのお面を被ったままだったから、身元がバレバレでしたけど（笑）。なんで自転車かと言うと、タイガーマスクの最終回で、タイガーマスクは「自転車を施設の子にプレゼントしよう」と思ってるときに、交通事故で死んでしまって贈れなかったでしょ。だから私がタイガーマスクの代わりにね。

突然のマシンガントークに、僕は少し面食らってしまった。なんでも大阪から来たカップルに「アホなパンダがおった」と声をかけられたことがきっかけで、自転車を「十のしま」と命名したらしい。自転車をとめて自宅に入ると、彼女はすぐにそのマスクを脱ぎ、僕に素顔を見せてくれた。どうやら、その正体を知っている人は多いようだ。「忍者ぶきみ丸」こと熊澤直子さんは、現在58歳。昭和33年に高知市内で生まれた。

父親は県庁土木課、母親はハローワークで、両親は2人とも公務員です。下に妹が3人いまして、全部嫁に行きました。女の子ばっかり4人で、昔だったらえらいこっちゃですけどね。今は、この家で義理の母親と暮らしています。後妻なんで、私とは8つしか変わらんの

声色を変えた左手のぬいぐるみ「十六夜丸」が喋る

ですよ。
そんな熊澤さんが、まず見せてくれたのは「全部で5巻ある」という忍術書の巻物だった。こんなの漫画でしか見たことがない。小栗仁左衛門の編み出した技なので「小栗流」と書いてあった。熊澤さんは、「忍者ぶきみ丸」の名が示す通り、彼女の高祖父までは隠密で、本当に忍者の末裔だったのだ。

高知に一族が暮らして400年。もともとは浜松で徳川家康に450石で召し抱えられて、関ヶ原の合戦後、「土佐山内家は外様で裏切る可能性があるので見張っておれ」というので、土佐に送り込まれたんですよ。表向きは土佐藩の剣術指南役で、兵法指南役の小栗仁左衛門の家来でした。小栗仁左衛門は旗本で、徳川から送られてきた密偵ですね。徳川の直参旗本なので、スパイだとわかっていても、捕まえられないんです。

そう話す熊澤さんは、ミッションスクール系の高校を卒業したあと、デパートの紳士服売り場で1年ほどアルバイトとして働いた。そこでお金を貯めて、アメリカに3ヶ月ほど留学。「外から日本はどう見えるかが気になってね。そしたら、アメリカは『自由の国』っていうけど、あるカップルの差別問題に遭遇して、あんまり自由じゃないなって思いましたね」と笑って語る。帰国後は、再びデパートの地下にある食品売り場などでアルバイト生活を続けながら、なんと忍者の弟子になってしまう。

うちのおばあちゃんの知り合いで、草風《そうふう》さんって人がいましてね。この人は「風魔」の人で、「息子を若いときに亡くして跡継ぎがおらんから、あんたのとこの孫を弟子にしたい」と。おばあちゃんが、「うちの子は、どんくさいですきに風魔は無理でしょう」と。「風魔」ってのは、小田原の北条家に仕えた忍びの集団で、豊臣秀吉の小田原征伐で北条が滅びて風魔は雇い主がいなくなっちゃったんですよ。風魔自体は分裂して、一方は江戸の方に行って泥棒になり徳川幕府に捕まって処刑。そのとき逃げたのが日本全国に散らばったわけです。それで土佐に逃れてきた一派が、「草の風」と書いて「草風」。草は忍者のことで、風は風魔という意味。「風魔の血を引く忍者だぞ」という意味で代々「草風」と名乗ってるんです。

熊澤さんによると、僕たちがメディアでよく知っている忍者の姿は真実ではないという。本来は手裏剣や鎖鎌なども使わないらしい。そして、彼女は師匠である草風先生の家へ自転車で30分かけて通い、そこで毎日2時間ほど忍術を学んでいった。

「忍者になるには五者の術をマスターしなさい」って言われました。つまり「喜怒哀楽恐」、人間の感情を学ぶんです。「喜」は相手を喜ばせ、おだてるんですね。例えばここに重い荷物があるとしますね、自分が持つのはしんどい、そこへ人が来たと。「あぁ重いわ、持ってくださらない?」と言ったら持ってくれる。それで「さすがは殿方、すてき〜」とか言うたら、「よしよし休んどきなさい、わしがやってやる」っていうおだての通じる人ね。怒りっぽい人には、「ああ重い、けどあなたには絶対持てんでしょうね」って言うんですよ。そしたら、「持てるわい」って。「じゃあ持ってみなさいよ」って言って持たせて働かせる。これが怒者の術。「哀」は泣き落としですね。「持てないよー」って言ったら「よしよし」って言って持ってくれるじゃないですか。「楽」は、「これやってくれたら後で1杯おごるわよ」って言うやり方。そして「恐」は脅かすんです。「言うこと聞かんかったらどうなるか」と。臆病な人にはそうやって脅かして、言うこと聞かせて運ばせるみたいな。「これが五者の術で、これが本当の忍術だ」という話をさんざん師匠から聞かされましたね。

憧れはビートたけしさん 修行中、お笑い芸人になりたかった

途中で師匠が病気になることがあったものの、通算で5年ほど通い、忍法の心得が書いてある免状を取得。それは、熊澤さんの跡を継いで次の「草風」になる人にしか見せてはダメらし

古くなったパンダのぬいぐるみは自転車などに再利用

い。ただ、熊澤さんは正式に「草風」を襲名したわけではなく、「松風《しょうふう》」という名を授かった。松風と草風は言葉にしたら紛らわしいから、呼び名は、松風《まつかぜ》。それから、高知市内で「あの人は言葉が違うから県外の人かな、隣の人といざこざ起こしてるかな、こりゃケンカになるかもしれないな」など人間観察力を鍛えていった熊澤さんだが、当時抱いていた夢は、実はお笑い芸人になることだった。

ビートたけしさんがツービートで漫才してるころに、お笑い芸人のオーディションに出るために、食べまくって「体重100キロにしよう」と思ったんですよ。あの当時100キロの女性ってまずおらんじゃないですか。ピンクのレオタードを着て、化粧回しをつけて、大銀杏のかつらをつけて、お相撲さんの格好で出ようと思って。ジョークがウケたら、「ごっちゃんです〜」で、ウケなかったら、「どすこ〜い」って笑わそうと思ったんですけど、予選で落ちましてね。78キロまでは増えたんですが、100キロには、全然増えないんです。そのうち夏になって、夏バテを起こして食べれなくて。やっと秋になって食欲が戻ったら、体重が戻って全然ダメだったんですね。だからしかたなしに、70キロあるかないかでお相撲さんの格好して出たけど、やっぱりほら、無理じゃないですか。100キロないとお相撲さんっていうイメージにはならないから。

憧れていたのは、ビートたけしさんで、いつか彼の映画に出たいんです。実は、映画のシナリオも考えてあって。ビートたけしさん扮する人生に疲れた男が死に場所を求めて、高知県にやってきて足摺岬の灯台から飛び降りようと思っている。そしたら、「あのな、天国は上にあるんです。下へ飛んでどうして上に行くんや」っていう声が聞こえてきて、振り向いたらパンダ面がおると。「なんや」って驚くと、「どうせ人間はいつかお迎えが来るから、こっちから行くことはないだろう」と言って、高知市内を連れ回す。それで最後に、その人生に疲れた男が「もう一度人生やり直してみるか」と帰っていく物語です。

詳しく話を伺うと、お笑い芸人を目指していたのは、修行中のときのこと。でも、忍者の修行は座学ばかりで、走り回るわけじゃないから、太ったって構わないらしい。ただ、熊澤さんがいくら笑わそうとしても師匠はクスリともしなかったそうだ。「ゴルゴ13みたいな人でしたね、必要なことしか言わんのですよ」と笑って語る。そんな彼女の部屋にある漫画は、『ゴルゴ13』や永井豪、そして『リボンの騎士』までと幅広い。

手塚治虫先生のファンなんです。小学生のとき、『鉄腕アトム』の最終回で「地球を守ってアトムを死なせた」と思って「鉄腕アトムは死んでない」と虫プロに抗議の手紙書いたんですよ。「実は予備の電子頭脳をお茶の水博士が持っていて、新しい体をつくってアトムは蘇る。でも、そのアトムは以前に比べて、いたずらっ子で、いたずらばかりしてみんなを困

らせる」っていう皮肉な内容でね。何年か経って雑誌見たら、私のファンレターをもとにして、手塚先生がパロディーを描いてるんです。自分の知名度を使って詐欺をはたらいて、人からお金を盗んで王様暮らしをして最後に捕まって逮捕される犯罪者のアトムの話でしたけど。ファンがびっくりしたそうです。私は「先生、ここまで描かんでも」って思いましたね。漫画家の先生って、何百通もファンレターが来るから目を通すはずがないと思ってたけど、読んでるんですね。永井豪先生も、漫画『けっこう仮面』のなかで「まぼろしパンティ」って変態少年が出てくるんです。「この女の子バージョンを描いてくださいよ」ってファンレター出したら、何ヶ月か後で、女の子バージョンの「まぼろしパンティ」が出てきましたからね。「いくわようっふ〜ん」って歌もつくって送ってたら「いくいくうっふ〜ん」に歌詞が変わってましたけどね。「先生読んでくれたんやな」と思って。

あと、替え歌を昔からつくってたんです。子どものときは、旧日本軍の兵隊さんが現役だったから、「異国の丘なら日本兵はかろうじて生きてるが、遺骨の丘なら全滅じゃ」っていう『異国の丘』をパロディにした『遺骨の丘』って軍歌の替え歌をつくって聴かせてました。それから『九段の母』っていう戦死した息子を讃える母親の歌がありますが、「そんなはずはない」と思って、「九段の母の本音」っていうので、「なんで死んだんや、息子返せ」って泣くような内容に、これもつくり替えました。中学生で『およげ！たいやきくん』がヒットした頃には、「荒れる学園」が話題になってたから、「毎日毎日僕らはセンコウにガミガミ言われてムカつく」という「キレたたいやきくん」ってパロディーをつくって歌って人を笑かせてました。

そんな彼女は、日本初のゲイ雑誌『薔薇族』や『The Gay』(ザ・ゲイ)で2年ほど連載を持つなど、ポルノ小説家としても活動をしていた。そのときのペンネームは「具志堅竜矢」。誰もその正体が女性だとは思わなかったそうだ。

1つは、『シティー・ポリスストーリー』というニューヨーク市警のお巡りさんの話です。ケント・オオハラと言う日系3世のお巡りさんと、殺人課担当のスティーブ・キャラハンという白人の刑事さんとの恋物語で、ケントの方はまともな男だったんですけど、スティーブに口説かれて、だんだん好きになっていくと言うゲイの話でね。

もう1つは、『スーパーマン』の東洋バージョンで『オリエンタル・スーパーマン』。「ユーベルメンシ」と言う超人を研究しているナチス・ドイツの公的研究機関「アーネンエルベ」と関東軍の「100部隊」が共同研究で超人をつくるという話で、満州族の女性と関東軍の軍人との間に子どもを産ませて、その子どもを超人として育てあげるという『ゴルゴ13』のパロディーみたいな話です。その超人を巡って戦後、奪い合いになるんです。東西冷戦時代で、彼の子どもをつくったら、強い戦士ができるというので、東西の両方から狙われる。彼は、沖縄の琉球空手の先生の養子になってて、そこへも魔の手が伸びる。それで最後は、ナチス・ドイツがつくった超人と戦いになるんです。ナチス・ドイツの研究者のソロモンは、「人類を支配するのは自分たちで、我々は超人だから凡人どもを奴隷にして何が悪い」と主張します。片方の関東軍は「彼らは友だちだ、仲間としてこれから付き合いたい」と。結局、最後は相打ちになるんですよ。もちろん、そのソロモンが関東軍を手懐けようとしてレイプに及ぶシーンとかありますよ。

パンダの忍び装束を身にまとい観光誘致・地域おこしに

そして修行が終わって26歳のときには、農家の長男とお見合い結婚をして高知県南国市に嫁いだ。旦那さんに「私、忍者よ」と告白しても、忍者自体が漫画みたいなものだからまったく信用してもらえなかったという。結婚後にしばらく不妊で悩んでいたとき、旦那さんの愛人に子どもができて、そのまま離婚。3年の結婚生活だった。そこからは、地元に戻って再び短期のアルバイトで生計を立ててきた。そんな熊澤さんに転機が訪れたのは、50歳を過ぎてからのこと。

3年前に103歳で亡くなったおばあちゃんの実家が高知市帯屋町にあって、昭和30年ごろの帯屋町は、「銀ブラ」みたいに「帯ブラ」って言葉ができるほど、土日になると沢山のお客さんで賑わってたんですけど、今じゃあポツポツでしょ。「あれは寂しゅうてならんから、なんとかしておくれ」っておばあちゃんから言われて、「じゃあ、目立ったことをして人目を引く」っていう『陽忍の術』だと思って。

転機は「ひこにゃん」ですね。彦根城はさびれてたのに、「ひこにゃん」でお客さんが増えたでしょ。高知には「やまぴょん」がいるから、県庁の観光課に「やまぴょんの着ぐるみを土日だけでも高知城に登場させて、お客さんに手を振ったら違うんじゃない?」って言ったら、「あんなものおったって変わらんわ」って言われて。じゃあ「高知城は抜け穴があるから、忍者の格好した職員さんが案内したら流行るんじゃない?」って言ったら、人件費がどうのこうのって。「県庁の人がボランティアでやったらいいやないですか」って言ったら、「今どき忍者なんて流行るか」って。最後に「私の巻物があるから、これで観光客呼びませんか」って言ったら、「坂本龍馬のような有名人が書いたならいざ知らず、無名の忍者の書いたものに誰が興味持つ?」ってさんざんバカにされて。

どこに掛け合っても相手にされなかった熊澤さんは、2010年のゴールデンウィークから、自ら忍び装束を身にまとい「パンダ」に変身した。最初は猫の被り物だったが、小学生から「キティちゃんに似ている」と指摘され、著作権のないパンダにしたそうだ。そして、手にはカラスの人形をはめて「カーラースーなぜ鳴くの、カア」と喋らせていたところ、カラスの羽が抜けるから食堂にも入れないし、「カァカァ鳴くのがうるさい」と苦情が出て、すぐに中止した。とにかく最初は逃げられたり避けられたりで、上手くいかなかったそうだ。

寄ってくるのはお巡りさんぐらいでね。「ぶきみ丸」はお巡りさんが付けたんですよ。「なんだ、あなたのその不気味な格好は！」って言われて「忍者でござる」って答えたら、「忍者ぶきみ丸ね」って。劇団ひとりに似た感じのお巡りさんでしたけどね。まぁ「変な人がいる」と通報されただけでは逮捕できないでしょう。

これまで彼女は、自分から一度も名乗ったことはない。自転車の「十のしま」や「忍者ぶきみ丸」なども、すべて街ゆく人から付けられた名だ。そして「忍者ぶきみ丸」以外にも、女子高生から名付けられた「パンダおばさん」という愛称もある。

人気になったきっかけは、全国放送のテレビ番組に出演したこと。そのとき、県内のおもしろい場所も一緒に紹介した。「マスコミに情報を伝えて、特集してもらえば地域が盛り上がるでしょう。情報はパンダやってると集まってくるんですわ」と話す。

そして、彼女はただ自転車で市内を巡っているだけではない。子どもたちが喜ぶようにと、折り紙でつくった手裏剣を配り歩いているのだ。実物を見せてもらったが、折り紙でできた手裏剣には『妖怪ウォッチ』のシールが貼られ、自作の「お守りカード」に入っている。台紙の裏には、1つ1つサインも記してある。

最初は嫌がられて逃げられて、受け取ってもらえなかったが、今では午前中に100個なくなってしまうほどの人気ぶりで、子どもだけでなく大人も欲しがるんだとか。土日や祝日は街に繰り出し、手裏剣を配り終えたら帰宅。そして平日は、その手裏剣づくりに精を出す毎日だ。1日に100個以上つくるため、「目が疲れないように」と彼女の手の甲の疲れ目に効くというツボには、なんだか不思議な模様がマジックで描かれていた。そんな熊澤さんは、現在働いてはいない。年金をもらえるまで、これまでの貯金を切り崩しながら生活をしているそうだ。もう彼女の生活、いや人生の中心は、忍者ぶきみ丸1つだけだ。その姿勢は、徹底している。

家に着くまで、お面のままで帰ります。そうすれば、観光客が喜んで写真撮って、ブログとか載せて、また会いに来るでしょ。コンビニや金融機関とか覆面がダメな場所以外は、全部ぶきみ丸の姿です。あるレストランに入って、お面を脱いで待ってたらね、待てど暮らせど水がこんのですよ。ウェイトレスさんが、「さっき入ってきたパンダどこにおるか」と探してるんですよ。「いや、テーブル見たら水ないからわかるだろう」って。まぁ、このあたりの人は、玄関に『忍術研究所』のプレートがぶら下がっているから、「ここパンダの家や」

ってみんな知ってますわ。だから、子どもだけじゃなくて、宗教の勧誘も来ちゃいますけど。とりあえず手裏剣10万個までは続けようかと。今6万個くらいなんで60歳くらいまでには10万個になるんじゃないですかね。大体1ヶ月平均600個から700個配ってますからね。

そしてすでに、自分の跡継ぎとなる忍者の目星はついているという。彼女の姪っ子の1人で、今はまだ幼い。その子と写真スタジオで撮影した生後100日の写真を見せてもらったが、ここでも「忍者ぶきみ丸」の姿だった。よく見ると、隣の仏壇がある部屋の祭壇にもパンダグッズが飾ってあるし、見渡せばこの家はパンダだらけなのだ。自分で集めたり人からもらったりして、自然に集まったそうで、なかには海洋堂の関係者や地元のアーティストがつくった「忍者ぶきみ丸」のフィギュアもあり、彼女の地元での人気ぶりをうかがい知ることができた。

笑わせて和ませて、懐に飛び込む これも忍術

そして熊澤さんは、高知以外で「自分がどう見られているのか」を確かめるため、ときどき旅に出る。もちろんパンダマスクのままで。香川県の高松ではギャルから写真を撮られたが、丸亀では通報されてパトカーが飛んできた。大阪では、周りからいじられて泣くふりをしたら、

favorit
lovely
oice

「ワシントン条約違反やから、パンダ泣かしたらあかんで」と他のおじさんから助けられることもあった。京都や神戸では、誰からも近寄ってもらえず無視され続けた。各地での反応の違いを楽しんでいるようだが、トラブルに巻き込まれたこともある。

あるとき、山でたくさんの野犬に囲まれて「忍者ぶきみ丸」の格好のままだったから、「フォッフォッフォッ」ってバルタン星人みたいな声を出したら、犬が怖がって、みんな逃げて行ったんです。昔、声優にもなりたくて『ドラゴンボール』の声優のオーディションに応募したけど、「そんなヒキガエルみたいな声で声優になれるか」と言われ、予選で落とされましたけど、役に立ちましたわ。

さらに熊澤さんは、ユーチューバー（YouTuber）でもある。もちろん、お金を稼ぐためではなく、観光誘致のためだ。「十六夜丸」というパンダを使った商品紹介や食べ歩き旅行記を自らネットにアップしている。まさに夢だった芸人や声優の仕事が、ここに生かされている。

よさこい祭りや坂本龍馬で観光アピールをする高知県だが、年々人口は減り続けている。県の施策として移住促進をしたり県外企業を誘致したりと、さまざまな手を打っているが、それでも人口減に歯止めをかけるのが難しい現状のようだ。そんな問題に対して、熊澤さんはたった1人で挑んでいる。

もしも観光客がどっと押し寄せるようになれば、旅館・ホテル・お土産物屋さんが儲かるでしょ。そうすると人手が足りなくなるので雇うじゃないですか。雇って雇われて生活が安定したら結婚したくなるでしょう。さらに、夫婦になれば子どもができる。そしたら少子高齢化も歯止めがかかるし、要するに観光だけで成り立ってるモナコ公国みたいに観光立県になればと思ってね。なにしろ高知は日本一の貧乏県です。まぁ、私の場合は忍者なので、「観光密使」ですね。

最近は、熊澤さんの影響かどうかは不明だが、少しずつ県内に観光客は増えているとのこと。彼女が外で食事をすると、たちまち店には行列ができるし、今も手裏剣は午前中でなくなってしまう。個人レベルで街の活性化に貢献していることは確かだ。こうした草の根の活動こそが、世の中をほんのちょっとずつ、楽しく変えていけるヒントなのかもしれない。とはいえ、「忍者ぶきみ丸」という、その奇抜な姿から、白い目で見られることもあるだろう。さまざまな苦労があったことは想像に難くないが、それでも彼女は明るく気丈に振る舞う。

忍者っていうのは、怖いイメージがあるでしょ。違うんです。相手を笑わせて心を和ませて、その懐に飛び込む。これも忍術なんですね。だからお笑い芸人さんの中にはね、忍者がいるんじゃないかなって。

よく見ると、「忍」という字は、「心」に「刃」が刺さった形をしている。痛いはずだが、刺されている心は安定していて、まったく動じていない。痛さを我慢する「忍耐」ではなく、彼女のように誹謗中傷を受けても、痛ささえも感じない、心が動揺しないことこそ、本当の「忍」の境地なのだろう。そんな妄想をしてしまう僕もまた、すでに彼女の『陽忍の術』の手中にある。

くまざわ・なおこ／1958年生まれ／高知県在住
風魔忍者ぶきみ丸　YouTubeチャンネル
https://www.youtube.com/channel/UCE7KCPP5OzysaneB50IYAAA

4.

八木志基

Motoki Yagi

怪獣ガラパゴス天国　八木志基

下から積み上げていくように描く怪獣
小学6年生が描く圧倒的密度のボールペン画

出逢いは突然にやってくる。アーツ千代田3331（東京・千代田区）で美術家・中津川浩章がファシリテートするアートスクール「エイブルアート芸術大学」を見学した際、心惹かれる絵と出逢った。

画用紙に黒ボールペン1本で描かれた緊張感漂うモノトーンの画面。そこに描かれていたのは首から下が白骨化した『ウルトラマン』に登場する怪獣たちで、よく見ると絵のそばには「リアルのガイコツ」「ダダのガイコツ」など各々の名前が記されている。何より驚いたのは、この作者がまだ小さな子どもだったということだ。

神奈川県川崎市のとある高層マンションの一室で、作者の八木志基くんは両親と3歳の弟と暮らしている。2003年生まれの志基くんは取材当時12歳の小学6年生。4歳のときに医師から自閉症と診断を受け、地元小学校の特別支援学級に通っている。小さなころから、とにかく絵を描くことには熱中していたという。

初めは駅の時刻表や英語のアルファベットに興味を示し、スケッチブックにクーピーで殴り書きながらも、そうした文字の形を記憶して書いていた。それでいて、「『おさるのジョージ』や『アンパンマン』などの絵本が好きで、よく眺めては描いていた」と母は語る。当時の絵を見せてもらったが、たしかにどこかそうしたキャラクターを彷彿とさせるような心温まるタッチの絵が多い。

それがあるときから、ウルトラマンに熱中し、ただひたすら怪獣などの絵を描き続けるようになった。母は「7歳のとき生まれてくるはずだった弟が死産したり、その翌年には東日本大震災を経験し津波の映像にショックを受けたりしたことが引き金になっているのでは」と分析するが、特撮ヒーロー好きの父の影響も否めない。

特徴的なのは、すべて画面の下から描いていること。黒ボールペンを使っていきなり描く。もちろん下書きなどしない。間違えたときは上から紙を貼って描き直すようで、セロハンテープで補修した跡が何か所か見受けられた。下から積み上げていくように描く怪獣は縦横無尽に広がっていき、画面の端まで及ぶと、ときには紙を継ぎ足したり、怪獣の半身だけ描いたりする。

作品の中には、怪獣同士が隣接しあい、圧倒的な密度を生み出している絵もある。しばらく

眺めていると、集まった怪獣がまた別の生命体にも見えてくるから不思議だ。折り重なった怪獣はさまざまな方向を向いているが、参考にしている書籍『全ウルトラ怪獣完全超百科』（講談社）とは異なる向きで描くこともあるという。最後尾にいる怪獣の手足の位置まで忠実に描いているのは驚かされた。なんという再現能力の高さだろう。

小さいころから絵でコミュニケーションを彼の表現を保管し続けている両親

コミュニケーションの面で障害があり、スムーズに自分の考えを言葉で述べることが苦手な彼は、小さいころから自分のほしいものを絵に描いて母親に訴えることが多かったという。学校でまだ「親友」と呼べる友だちはいないそうだが、代わりに帰宅後から就寝前までこのドローイング行為を長年続けてきた。同じ怪獣を何度も登場させていることもあり、年々作画技術が上達していることは僕の目にも明らかだった。しかも、描く紙はすべて父が仕事で使った書類の裏面。これなら、画面を大きくしたいときはセロハンテープで繋げればいい。手探りの中、自分で見つけた画法なのだろう。

ところで、なぜガイコツの絵を描くようになったのだろうか。本人に聞くと「なんかカッコイイから」という答えが返ってきた。このモチーフは、自宅ではなくエイブルアート芸術大学のみで描かれるものだと言う。自宅とは違う質感の紙や環境で、彼自身も他人の目を意識し、自分なりの「実験」を繰り返しているように思えた。

そして、志基くんにとって何より大事なのが受け手の存在だ。どんなに素晴らしい表現でも、それを収集し保管する人たちの存在がなければ、ゴミとして破棄され、これらの表現を誰も目にすることができなくなる。既存のルールや常識にははまらない表現を、どのように周囲が評価し受け止めていくか。

就学後に何か所か通った絵画教室では、描くモチーフや色に対してさまざまな制約があり、上手く馴染むことができなかった。そんな中、2年半前にたどり着いたのが自由に好きな絵を描くことのできるこのアートスクール。さらに、3歳で初めて絵にならない文字を書き始めたときから、これまでほとんど破棄することなく彼の描いた表現を保管し続けている両親の存在はとても大きい。衣装ケースに保管された多量のドローイング群に、僕はすっかり打ちのめされてしまった。

最近はオリジナルのキャラクターも描き始めたようだが、まだ若い彼の表現はこれからどんどん進化していくことだろう。紙とペンとセロハンテープさえあれば、彼の創造する世界は無限にどこまでも広がっていくのだから。

やぎ・もとき／2003年生まれ／神奈川県在住

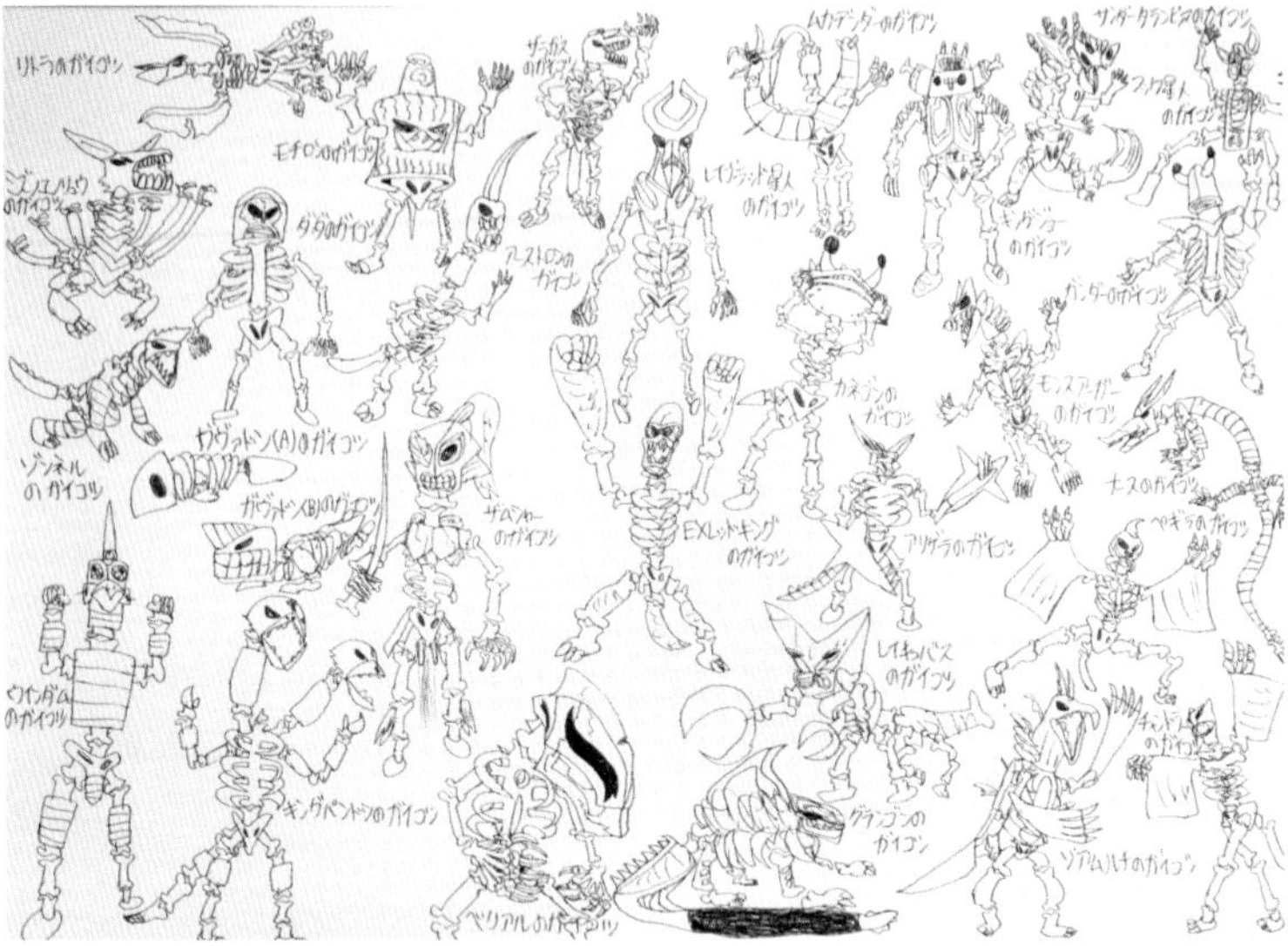

首から下がガイコツのウルトラ怪獣たち

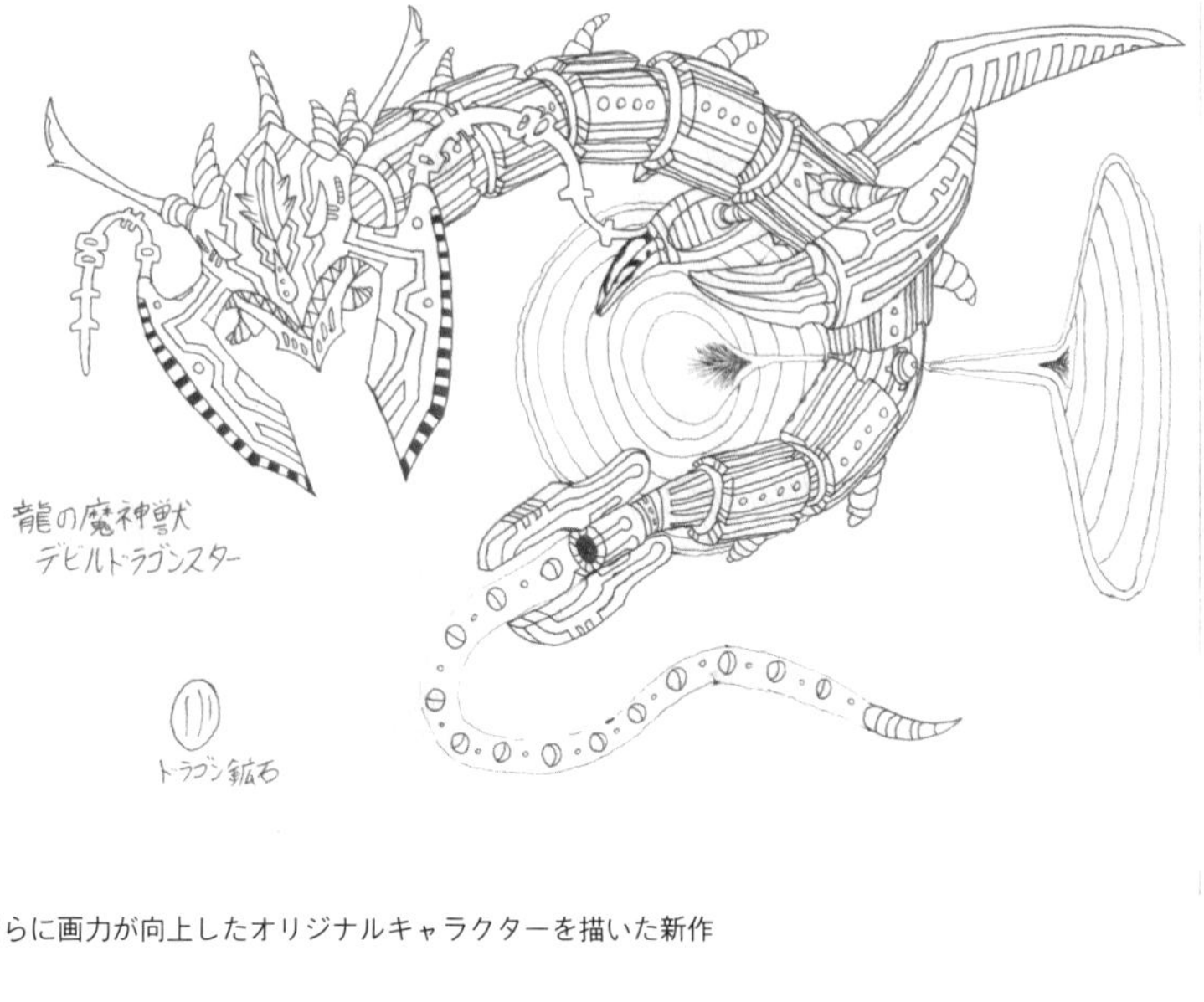

さらに画力が向上したオリジナルキャラクターを描いた新作

5.

稲村米治

Yoneji Inamura

昆虫メモリアル　稲村米治

カブトムシ、クワガタムシ、コガネムシ大量の昆虫の死骸でできた武者人形

都心から60キロの場所にある群馬県の東の端・邑楽郡板倉町。東武日光線板倉東洋大前駅付近は開発が進んでいたニュータウンの面影が残り、町のほとんどは広大な農地が今も広がっている。遠くに見える浅間山を横目にのどかな田園風景を車で走ること10分、とある民家の床の間に飾られていたのは、高さ80センチほどの、ガラスケースに入った武者人形だった。目を凝らして見ると、驚くべきことに、カブトムシやクワガタムシやコガネムシなど同じ種類のたくさんの昆虫の死骸が左右対称にピンで付けられている。

作者はこの家に住む稲村米治さん、取材当時96歳。この武者人形は「新田義貞」であり、制作されたのは1970年、なんと今から45年も前のことだという。

稲村米治さんは、3人きょうだいの長男として大正8年に大箇野村（現在の板倉町）に生まれた。

大箇野村尋常高等小学校を出て、16歳で足利の親戚の家へ奉公に行きました。住み込みで、糸を染める染色の仕事を習ってたんだけど、22歳で出征してね。私は徴兵検査で「乙」だったけど、当時は「乙」でも現役で行っちゃったんですよね。戦地は中国で、14連隊の輜重隊として前線に軍需品を運ぶ役で、光州を通ってベトナムのハノイで終戦を迎えました。

結局5年8か月も戦争に出てて、終戦の翌年に帰国したけど、戦後は仕事もないからね。28歳のときに3つ下の家内と結婚して、農業ばっかりじゃ食べていけないから、染色の仕事をしに群馬県の足利や館林へ行きましたね。次第に、職業難でどんどん仕事がなくなって暇になっちゃって、子どもが5人もいたから、34歳で東武鉄道に就職したんですよ。

2時間かけて東京まで通勤し、手動踏切の仕事に従事。56歳まで働いた後はデパートでの守衛業務を続け、65歳で定年を迎えた。そんな稲村さんが虫を使った立体像をつくり始めたのは、鉄道会社で働いていたときのこと。

昔はこのあたりに屋敷も多くて、周りは柳の木や山ばっかりだったから結構虫がいたんですよ。当時、子どもたちがカブトムシを捕っちゃあ、石油缶に入れて飼育してたんだけど、結局は死んじゃうでしょ。子どもは飽き性で、標本箱に並べてもちゃんと注射してないから、

弓矢の羽の部分にはたくさんのセミが

すぐ虫がボロボロになっちゃうんですよね。だったら立体にすれば年中楽しめるんじゃないかと思ってね。カブトムシの角だけだと腐らないから、角だけ集めて刺してったら、「なんだいこれ」ってみんな不思議そうに見てたねぇ。

そう語る米治さんに、米治さんの長男・茂さんは言葉を付け足す。

最初は僕ら子どもの小学校の夏休みの宿題がきっかけでね。昆虫を標本にして学校に持って行ってたんだけど、そのうち親父がだんだん凝ってきて、カブトムシで平面の鎧兜の形をつくっちゃったんですね。それじゃあ親がつくったってすぐわかるでしょ。恥ずかしくて学校持っていけないから、子どもはそこで離れちゃったんですよ。それから1人で熱中するようになって。人形の頭部だけをつくって、だんだん昆虫の数も増えていきました。最初につくった「兜」から「武者人形」ってのが頭に浮かんできたんじゃないかな。

あと新田義貞の出身が、この上の方にある尾島町（現在の太田市）の新田荘だったんです。それと、新田義貞が鎌倉へ攻め入るときに、刀を海に投げた場所が僕の家の名字「稲村」ヶ崎なんですよ。そういうのが親父の頭にあったと思うんですわ。

聞けば、この「新田義貞像」は立体像としては2作目だという。

あの当時は子どものお祝いに、「破魔矢」とかを親戚からもらってたんですよね。そういうのをよく見てたし、あの頃子どもに人形なんて買えなかったから五月人形の代わりです。1体目は「楠木正成・正綱像」をつくったんですよ。虫でつくった武者人形なんて珍しくてね、ケースへ入れてたんだけど、「うちへ置いててもしょうがねえから、どこか東京の虫が見られねぇ子どもさんたちにやったらいいんじゃねぇか」と思って、鉄道の駅長さんに聞いて、東京の養護学校に寄贈したんですよね。だけど、その当時は防腐剤もあんまりしてねぇから「今は形がなくなった」って言ってましたよ。やっぱり生の虫は、中に臓物が入ってるから目に見えないような虫が湧いちゃうんですよね。

「新田義貞像」は、約5000匹の昆虫で構成され、そのほとんどは自らが採集したものだ。

子どもだったらね、隣の家の木に行って虫を捕れるけど、大人がそんなことできないでしょ。ただ、朝早く起きて街灯の下に拾いに行くってのは、大人らしくなくってね。牛乳屋さんなんかが来ると「何してるんだい」なんて言われて、恥ずかしかったよ。それに、街灯の下にいる虫は自動車に潰されたり傷だらけになったりしてるのも多いからね。

だから夜勤の仕事から帰ってお昼を食べたら、11時過ぎから虫捕りに行くんですよ。一晩働いてきたから、その日は休めばいいんだけど、夕方になると農作業手伝わなきゃならないからね。夜はみんなが寝静まったころに注射するし、いろいろやってたら朝の4時ごろになっちゃうんだよね。ほんと休む暇がなかったね。

「家族は親父のやっていることに興味がなかったですね。あのころは、一時期カブトムシが飛ぶように売れた時代で、専門の業者がわざわざ捕りに来てましたよ。親父だけは目的が違いましたけど（笑）」、そう茂さんは笑って話す。

虫を捕って 処理して 刺して
試行錯誤を繰り返して実現した生命の躍動感

当初は、子どものためにつくり始めた立体標本の制作だったが、他の虫や埃が入って来ないように、そして何より腐敗を防ぐため、空いていた牛小屋にビニールシートを張り作業場とし、そこで制作に没頭していく。

参考にしたのは、テレビで見た法隆寺の国宝「玉虫厨子」。羽だけだと変色もないが、捕ってきた虫の臓物からはダニなどが発生するため、採集した虫をひとつひとつ丁寧にホルマリン漬けにしていくのだとか。

草摺の裏側には厚みを出さないようにチョウチョウを利用

虫を捕ってきたらね、その日の晩のうちにきれいに洗って防腐剤で処理するんですよ。虫には爪でもなんでも細かいところがいっぱいあるでしょ。生きてるうちに注射しておかないと、すぐに足が硬くなって縮むんです。あの頃は、夜に電気の青白い光を見続けてると、目が痛くなっちゃうんですよ。それでも頑張って刺そうかなと思って、いじくってっと足が欠けちゃうしね。だから、本当にできる時間ってのは限られてるんです。

大体お盆過ぎると虫もいなくなりますから、夏の間にいっぱい捕ってね。この部分がどうしても足りないと思ったら、いろいろ下準備なんかをしながら、翌年まで待たないとねぇ。虫を買って来て付け足すっていうのはしなかったよ。タマムシなんて1年で2～3匹くらいしか取れないんで、近所の人がときどき「捕ったよぉ」って、持って来てくれるんですよね。

それと、虫を刺す日は12月19日からと決めてたんです。家内が1人で百姓してて手伝わなくちゃなんねぇから、12月10日ぐらいまで農協で野菜を出荷してから3月ごろまで虫を刺したり下ごしらえするんですよね。

日々の睡眠時間は、東京までの通勤時間の1時間半程度で、乗り過ごすこともあったようだ。丁寧に虫に注射し、1つ1つ生前をほうふつとさせるような姿で固定していく。米治さんが何より重視していたのは、まるで虫が生きているような生命の躍動感だったのかもしれない。

まずは、生きているうちに注射して、虫が固まって生きていた形に落ち着くまで乾かしてやるんです。みんな這って動けるような形になってますよ。そのあと、気の遠くなるような話だけど、傷まないようにちゃんと蓋ができるようなお菓子や洋服の箱に並べとくんですよ。だから、丸まったり足が曲がったりしたのは1つもないです。縮んだ足なんか伸ばすと欠けちゃうでしょ。

そりゃ、虫を痛めて悪かったけど、途中でやめるわけにはいかないし、なんとかものにしなくちゃね。ただ、「こんなこと大人がやってていいんかなぁ、何やってんだろう」って思ったことはありましたよ（笑）。とにかく、人に手伝ってもらうってことはできないから、完成するまで誰にも見せないようにしてました。

当初は、裁縫用のマチ針を藁や板へ刺すなどして試行錯誤を繰り返していた米治さんだったが、新たに発見した方法が水生生物・マコモを下地に使うやり方だった。

稲わらだと固いから針が刺さらないし、酸性が強いから針が腐っちゃうんです。だから、マコモっていう水草がいいんです。今でも、お盆のときに魔よけとして盆棚に敷いて使ってますよ。あの当時は、このあたりで七夕のころに「七夕馬」って仏様が乗る馬をマコモでつくって仏様をお迎えする習慣があったんです。わりあいに酸性が少ないからね、針が腐らないし、中が空洞だからずぶずぶ刺さるんです。

金属棒や太い針金に、マコモを木綿テープで巻きつけて人形をつくり、そこにマチ針で虫を刺すという方法で制作された「新田義貞像」。甲冑の色合いが甲虫によって巧みに表現され、よく見ると、兜の飾りには卵を乗せたコオイムシが、背中に背負った弓矢の羽の部分にはたくさんのセミが、甲冑の腰からたれた草摺《くさずり》の裏側には厚みが出ないようにチョウチョウが貼りつけられ、台座にはコルクの板が使われていた。

針が刺さるように、下の台はコルクです。普通の木じゃ針は刺さんないでしょ。最初は、ビールの栓だとか、そんなものを集めてやってたんだけど、「これじゃとてもできないから」って考えてたときに、ちょうど警備会社の隣でコルクをつくってる会社があったんです。その守衛さんに話してコルクの板を売ってもらいましたよ。あれがなくっちゃできなかった。

設計図などなく、「行き当たりばったりで虫を刺してった」というが、一見単調そうに見える作業にも、実はその針の刺し方に相当の苦労があったようだ。

いったん針を刺してしまった虫はね、穴が大きくなるんで差し替えるってわけにいかないから、1回で刺さないとダメなんです。針の頭が虫の中に入らないように、両方から静かに刺してやんないとダメですよ。しかも、虫を刺すのに、表っ側は、台に置いて刺すことができるんだけども、裏っ側を刺す場合には、刺したやつを裏っ返しにして、吊っとかなきゃダメなんです。当たっちゃうと虫が壊れちゃうからね。裏側刺すときが、やっぱり刺しづらいんです。

それで、平らなとこに刺すんなら針もすっと刺さりますけど、丸いとこに刺すのは、針が中でみんなかち合っちゃうからね、次の針が刺さんない。だから重要なのは、角度です。ちゃんと組み合わせて角度を決めていちばん堅い肩のところを1回で刺すようにしないとね。その辺も時間がかかります。とにかく、虫をどこに付けるか選ぶのが大変で、ビニール袋を取って考えてるうちに、日が暮れちゃったこともありますよ（笑）。

実は緻密に計算された方法により制作され、「仮に針が腐っても、虫と虫の足をすべて絡めてあるので落ちないようにできてます」とのこと。そんな「新田義貞像」には失敗もあるのだとか。

重量計算がよくできてなかったから、刀を持った手はもっと上だったけど、だんだん下がっちゃって。刀自体はそんなに重くはなかったけど、虫を刺してる針の重さなんかもいろいろあるからねぇ。これ以上はもう下がってこないけど。それと、古材を利用してガラスのケースをつくったんですけど、台座を計算してなくって、頭がつっかえちゃって入らないんで、足を切ってちょっと短くしたんですよ。

2万匹以上の昆虫を集めた体長180センチの「千手観音像」

1970年に10ヶ月かけて制作した「新田義貞像」。完成後、米治さんは残った虫を捨てるわけにもいかず、その使い道をしばらく考えていた。「おそらく、もっと大きなものをつくりたかったんだと思いますよ」と茂さんが語るように、その制作意欲は日増しに大きくなっていったのだろう。そんな折、クワガタムシの角の集合体が「手」の形になることを発見し、最後に昆虫で巨大な「千手観音像」をつくることを決意する。

仏様は火が多く使ってあるでしょ、だから手が炎の形になるようにね。それに虫がいつまでも見てもらえるようにするには仏像の方がいいと思ってね。やっぱり生きてる虫を痛めてると、可哀想になりますよ。だから「仏様にしてやって最後にすっから、もうこれで勘弁し

てくれ」って虫に謝りながらつくってました（笑）。

博物館へ世界の仏像を見に出かけたり、唐招提寺の千手観音の写真を見たりと研究を重ねた。そして完成した「千手観音像」の体長は、台座を含めると１８０センチほど。小柄な米治さんの身長を遥かに超えていた。

この大きさだと、まずマコモを捕ってから、日干しや陰干しで形をつくるのに1年以上かかりました。捕ってすぐ使えるわけでもないですから。その後、形をつくって木綿のテープで巻いてます。後ろの光背はマコモをいっぱい合わせて、畳屋さんみたいに2本の針で編んでいくんですよ。もちろん、たくさんの針金や小指くらいの金の棒が入ってます。

ミヤマクワガタ、ノコギリクワガタ、ヒラタクワガタ、コガネムシ、カミキリムシ、ミヤマカミキリ、カナブン、コフキコガネなど、「新田義貞像」よりも多くの種類や数の昆虫が使用され、その数はおよそ2万匹以上。そして台座には、唐草模様や鳳凰の図柄が昆虫で描かれ、灯籠部分はクワガタムシやカブトムシを裏返して細工されているなど技術的な工夫も各所に見られる。それぞれデザインの違う1対の錫杖《しゃくじょう》などは、見事としか言いようがない。

千手観音の手は、赤い針金を昆虫のお尻から刺して、その刺したのを3つあわせて扇の形にしてあるから、いくらかふんわりした空間ができるようにしてるんです。胸のあたりからだんだん広がっていくように、どこで身を増やしていくかってのも考えながらつくりましたね。それなりに大きい虫と小さい虫をあわせて広げていかないとね。下の台座はコルクの板ですよ。自転車の鋼鉄のフォークを曲げてコルクの板に差し込んでるんです。この中に何重も刺さってるから、くっついてるんですね。

「千手観音像」よりも「新田義貞像」の方が色鮮やかな印象を受けるのは、昆虫の種類だけではなく、その使用した針にある。「新田義貞像」で使っていたのは、カラフルな裁縫のマチ針だったが、鉄針のため錆びるのが早く、「本当は使わない方がよかった」と米治さんは語る。そして「千手観音像」に使ったのが、ワイシャツなどに使われている針だ。そのままでは短いため、「やっとこ」というペンチのような鉄製の工具を使って、昆虫の大きさにあわせて針の長さを1つ1つ加工し、自作したとのこと。なんという労力だろう。「接着剤なんかも試したけど、油があって滑るからねぇ」と明るく語る米治さんだが、ここまでたどり着くのにかなりの試行錯誤があったことは想像に難くない。

後からいろいろな知恵が出るから、前にやった場所がだんだん気に入らなくなってきたけ

ど、最初にやったとこを取るわけにもいかないしね。昼夜問わず考えていたから、気に入らないとこだらけで、早くケースに入れちゃおうと思って、最後は焦ってたかもしれないねぇ。だから、ケースに入れたときは、「あぁ、これでもうやらないでいい」って（笑）。もう出し入れもできないでしょ。

1975年に約5年の歳月をかけて完成した「千手観音像」。やり遂げた達成感と同時に、押し寄せたのは安堵感のようなものだった。そして、完成した観音像はしばらく自宅に飾っていたようだ。

最初はビニール被せてうちの廊下に置いてたら、だんだんみんなが見に来てくれるんで、「こりゃ、どっかに置かなきゃしょうがねぇな」って。よその市町村にも貸したんだけど、どうしても動かすと虫が欠けちゃうからね。それで、「板倉町まで見に来てもらった方がいいよね」ってことで建具屋さんにケースをつくってもらって、板倉町中央公民館ができたお祝いに寄贈したんです。大人がやるようなことじゃねぇから、恥ずかしいんだけどね。さすがにお寺へは話してはないですよ。私のつくった千手観音なんて、本当の千手観音じゃないからね、仏さんに怒られちゃう（笑）。

当初は腐敗を防ぐため、ケースの中にホルマリンの防腐剤を包んだ脱脂綿の箱を置いていたそうだ。

やっぱりどれくらいもつかわからないでしょ。ただ、途中からはもう防腐剤も入れずに手を加えなくなったんですよ。40年も経って、乾燥してミイラになったみたいで（笑）。

完成した「千手観音像」は、当時多くのメディアで取り上げられ話題を呼んだようだ。今も板倉町中央公民館のロビーで、地域の郷土作家の作品に交じって薄暗い照明の中、ひっそりと展示されている。

周りの人たちは、関心がないですねぇ（笑）。虫をいじくるってのは大人の仕事じゃなくて、子どもの遊びだからね。「隣の父ちゃんが、なんかブンブン（コカナブンのこと）いじくってんぞ」って。まぁ、「こんなに虫殺して可愛そうね」って言う人もいるけど、みんなが見てくれてよかったなって思ってますね。みなさんが観てくれれば、虫も成仏できるんじゃないかな。

そんとき捕った虫は、少しですけどいまだに保存してありますね。防腐剤が入ってるから、ちょっと蓋取るってぇと匂いが強いんだけどね。まぁ、もうつくることはないですね。今じゃ虫も捕れないし、やっぱり1つつくるのに大変な時間がかかったし、根気がいるからね。

あの観音様で終わりです。私は農家もやってますからね。うちの家内が1人でやってたもんだから、申し訳なくって。今じゃ、虫がいたって逃がしてますよ（笑）。

いろいろな虫を捕らないと、人形の形にはできない

昆虫を作品に使ったアーティストとして、まず思い浮かぶのが、『ファーブル昆虫記』で著名なジャン＝アンリ・ファーブルを曾祖父にもつ、ヤン・ファーブルだろう。古代エジプトで神聖視されていた昆虫・スカラベ（フンコロガシ）の羽根や玉虫の鞘翅《さやばね》などを用いた彼の作品が、さまざまな色彩の表層的な美しさに重点が置かれているのに対して、米治さんの作品は、1958年生まれのヤン・ファーブルよりも時代的に先行しているのはもちろんのこと、作品を構成するための造形的な一部として、より多様な昆虫が躍動的に組み合わされ、全て左右対称になっている点が大きく異なっている。

ちっちゃい虫とか大きい虫とかいろいろな虫を捕らないと、人形の形にはできないんですよ。だからヒメコガネとかコガネムシ、クワガタやカブトムシとかいろいろな虫が入ってるからね。大体胸から刺していって、見づらくないように片側と同じ虫を拾ってやらないと別個になっちゃうでしょ。ただ、人間みんな顔が違うのと同じで、細長かったり丸かったりと

灯籠部分はクワガタムシを裏返して使用

同じ虫ってのは、なかなかいないんですよね（笑）。きれいな虫は首から上に使おうと思ってね。いろんな虫を刺しとけば、「これはなんの虫」って見てもらえるでしょ。

それにしても「モノづくりには、昔からまったく関心がなかった」という米治さんだが、若いころに染色の仕事をしていたから、ホルマリンの知識を持っていた。そして、虫が捕れる時代や環境で暮らし、マコモを使った風習もあり、なおかつ夜勤業務の仕事に従事しており、さらに勤務先の隣にコルク会社があるなど、本人自身は望んでいなくても、米治さんを制作へと向かわせる条件は、まるで運命に導かれるかのようにすべて揃っていたのだ。

現在の米治さんはと言えば、長い間ホルマリンなどの防腐剤を扱ってきたが、身体を悪くすることもなく、今まで医者にかかったこともないし、薬も飲んでいないという。今も家の周りの畑の草抜きをするなど体を動かすのが日課になっている。とても96歳には見えない、その健康の秘訣について伺うと、

やっぱりね、「動物」だから動かないと、食べ物も食べれなくなっちゃうし体も動かなくなるからね。だから、動いていた方がいいんですね。動けば食べられるし、食べれば動かなくちゃね。

「親父は虫を集めに行ったらもう帰ってこない、もう没頭でしょ。うちのことは何もやんなかったしできないでしょ。だから元気なんじゃない。何十年も自分のやりたいことだけ没頭してきたからね」と、茂さんは語る。

お金は、ほとんどかかってないです。買ったのは、コルクの板と防腐剤とそれから針だけ。針金なんて、うちにあったものを利用してるし、千手観音を支えてる後ろの曲がった杉の木なんかは、偶然山に生えていたんで、それをとっておいたのが、用に立ったんですね。

この間、東北の大地震でこの木が折れたんでケースの後ろを外して直したんです。千手観音の本体が載っている丸いいちばん上のは、電灯の丸いやつにコルクの板を巻いたもの。本当に廃材ばっかりです。要するに、かかったのは手間だけ。自分が趣味でつくったんだから、とても売る気もないですね。

その言葉通り、1978年板倉町中央公民館に「千手観音像」は寄贈したものの、「これだけは手元に置いておきたいから」と、「新田義貞像」は今も家族の成長を見守るかのように、稲村家の床の間に鎮座している。

いなむら・よねじ／1919年生まれ／群馬県在住

平成29年1月3日、稲村米治さんが永眠されました。享年97歳。

本書を手に取っていただくことは叶いませんでしたが、生前何度も貴重なお話を長時間に渡り、お伺いさせて頂くことが出来ました。謹んで哀悼の意を表します。

ラーテルさん

6.

（あなぐまハチロー）

Ratel-San (Anaguma Hachiro)

ラーテルになりたい ラーテルさん（あなぐまハチロー）

誰にも知られることなく描き続けられたドローイング群

まれに、SNSを通じてアーティストから連絡をいただくことがある。この章で紹介するハンドルネーム「ラーテルさん（あなぐまハチロー）」も、その1人だ。

Twitterを通じて連絡をもらい、そのグロテスクで力強い画風に魅了された僕は、本人に会うため大阪まで足を運んだ。待ち合わせのバス停にいたのは、その作風からは想像すらつかない穏やかな雰囲気の女性だった。市営住宅の高層階にある自宅に案内してもらうと、彼女の部屋には年代ごとに画風もさまざまなたくさんの絵が飾られていた。今まで誰にも知られることなく描き続けられてきたドローイング群に、僕は息を飲んだ。

大阪市内で2人姉妹の次女として生まれた彼女は、小さいころから集団生活が苦手で、幼稚園ではいつも泣いていたそうだ。小学校2年生のときに女子から無視され、それからは他人の顔色をうかがうようになった。「いつも受け身で自分から会話することはほとんどなく、相手が話しかけてきたら返答する感じでした。友だちと約束をしても、途中で嫌になって断ってしまうこともありました」と語る。

3年生のときには朝礼に出ることができず、毎朝トイレで嘔吐する日々だったという。休みがちだったものの無事に小学校は卒業。中学校にあがると、同じ団地に住むいちばん仲良しだった友だちと同じクラスになり、喜んだ。だが次第に、学校だけでなく放課後でも常に一緒という状況に息苦しさを感じるように。特にその友だちから何かをされたわけではないが、相手との距離感がつかめず悩んでいたようだ。それからだんだん学校に行けなくなり、そのまま家の事情で転校することになった。

新しい学校での、ある体育の授業でのことだ。生徒手帳に「今日は調子が悪いから体育を見学します」と母に書いてもらい教師に提出したところ、「どういう症状か言いなさい」と執拗に問い詰められた。「そんなこと言われても、わかりません」とパニックになり涙を流し、教師と口論になったことが引き金で、家にひきこもるようになっていった。

「ひきこもり」と言っても、彼女の場合は美術館や動物園には母親と出かけることがある。ただ、中学卒業後は働いたり高校に進学したりすることをせず、今もずっと自宅で過ごしている。幼少期から続く他者との距離感やコミュニケーションの困難さが、彼女をずっと悩ませている。

人の生のリアクションが嬉しくて発表してもいいかなと思うように

そして、中学2年生のときから描き始めたのが、今のようなタッチの絵だ。当時、美術の教科書に載っていた絵を片っぱしから家で模写していたら、曾我《そが》蕭白《しょうはく》（1730〜1781）の絵が目に留まり、魅了された。

以後、15年以上にわたって、部屋の中で絵を描き続けている。彼女がこれまでに描いた作品は優に300点を超え、生み出すキャラクターは作品ごとに異なっている。どこかグロテスクな絵が多いのは、大好きな80年代のB級ホラー映画の影響が大きい。

これまでの発表の場はTwitterやブログだけ。ここ10年ほどで絵のおどろおどろしさが増し、身内から「もっとかわいい絵を描けばいいのに」などと言われるので、他人に直接絵を見せることは一切なくなったそうだ。

そんな彼女の絵には、人がほとんど登場しない。描かれるのは動物にも似た、不思議な生き物だ。人間以外の生き物に興味があり、小さい頃から生物図鑑ばかり眺める女の子だった。生物分類技能検定を受けようと思い勉強していたほどで、動物に関する知識は豊富だ。そして彼女の大きな支えになったのも、1匹の小さな犬だった。名前はレイス。1994年に大好きだった祖父が他界し、その翌年に生後3ヶ月のポメラニアンを飼い始めた。2011年にレイスが老衰で亡くなってからは気分が沈み、ペットロス症候群のような状態が続いた。

現在、彼女はさまざまな障害を抱えている。発達障害とうつ病、それに統合失調感情障害だ。統合失調感情障害とは精神疾患の1つで、家のベランダから飛び降りたり家で暴れたり、誰かに首を絞められたりするイメージが、突然次々と頭に浮かんでくる症状である（類型が複数あり、症状には個人差がある）。

加えて昨年、姉の子どもたちの世話をしているうちに、子どもたちとの過度な接触に疲弊しきってしまい、2ヶ月間入院することになった。「入院するまで他人との関わりは避けてきました」と言う彼女だったが、この入院が転機となった。

「人にこう話したらどう返ってくるか、という人間観察をしてみたんです」と言うように、入院中は自分から話しかけることが増え、ほかの女性患者から相談されたり電話番号を交換したりと、ちょっとした人気者になったそうだ。

そして主治医の先生に初めて絵を見せたところ、「その先生がいいリアクションをしてくれはったんで、この間、親戚のおばちゃんにも見てもらったんです。そうしたらすごくいい反応をまたもらって、人の生のリアクションが嬉しくて、発表してもいいかなと思うようになりました」と語る。それで今回、勇気を出して僕に連絡をくれたのだと言う。

彼女のハンドルネームにも使われている「ラーテル」とは、捕食こそしないものの百獣の王ライオンさえも追い払うことで知られ、「世界一怖い物知らずの動物」としてギネスブックにも認定されている。そんなラーテルの勇敢さにあやかって、彼女も週2回のディケアに参加するなど、今少しずつ社会への歩みを進めている。

らーてるさん（あなぐまはちろー）／大阪府在住

7.
辻修平
Shuhei Tsuji

ドローイングデイズ　辻修平

ショッキングピンクの作品群
祖母の家を改造した「あさくら画廊」

気になるウェブサイトを見つけてしまった。サイト内にはショッキングピンクを基調とした作品が多数掲載されているが、クリックすることをためらってしまうようなよい意味で素人臭いデザインが、一層ビザールな雰囲気を醸し出している。

後日、まるで何かに引き寄せられるかのように、僕はあのサイトの主に会いに東京へ向かっていた。東武鉄道伊勢崎線の竹ノ塚駅から徒歩15分。東京都足立区にある入り組んだ路地の一角に、周囲の集合住宅とは明らかに異彩を放つ建物「あさくら画廊」はある。入口にまで多数のオブジェが侵食し、入ることを誰もが躊躇する奇抜な外観。ここまでショッキングピンクが多用されるとファンタジーを通り越して、もはや狂気さえ感じてしまう。恐る恐る入口の扉を開けると、中から出てきたのは意外にも同年代の男性の姿だった。

この家の主・辻修平さんは取材当時38歳。1977年に東京都足立区で3人きょうだいの次男として生まれた。小さいころから絵を描くことは好きで、小中高と美術の成績はトップだったと語る。

高校の成績で行きたい学科を振り分けられちゃって、最初は東海大学工学部の光工学ってとこに行きたかったんですけど、なぜか金属材料工学専攻へ入学。専門的に勉強するのが大学2年からで、大学まで行くのが遠かったのと授業も全然わかんなくて、その前にやめちゃったんです。

その後、代々木造形学校に通い東京藝大を目指して3浪するも、毎年1次試験で落ちる状態が続いた。

3回目に落ちたとき、「もう駄菓子屋でもやろう」と思って駄菓子問屋に行ったら、そこのおばちゃんに「あんた、若いのに駄菓子売ってる場合じゃないわよ」って怒られたんです。一緒にやる予定だった友だちは、精神的に変になっていなくなっちゃって。それで1人になったから、「絵でも描くか」って2000年から足立区梅田の豆腐屋の跡地を借りて「仙石画廊」って名前で、絵を描き出したんです。

¥230000

当初はかろうじてピカソを知っていたくらいで、絵の専門的知識はゼロ。はじめのうちは、スナップ写真をモチーフに人物画ばかり描いていた。藝大受験の影響で「こういうのじゃなきゃ絵じゃない」と思っていたようだ。仙石画廊を12年やったあと、現在の「あさくら画廊」を始めたのは3年前の夏のこと。

ここは、うちのばあちゃんが住んでた築40年の家で、俺が生まれたのもこの家です。ばあちゃんが介護施設に行って空き家になったんで、「家を丸ごとアートハウスにしたいな」とずっと思ってたのが、我慢できなくなって勝手に使っちゃった（笑）。

本来の持ち主である父親も、突然の息子の行為を「やればやれば」と賛成してくれたそうで、なんとあのウェブサイトは父親がつくっているとのこと。「奇跡的に親が何も言わない」と笑って語る辻さんは、本当に恵まれている。3回目の藝大受験のときにバイトをしたくらいで、それ以前も今も働いた経験はゼロ。家はごく普通のサラリーマン家庭だという。

辻さんがここにやって来たときはゴミ屋敷のような状態で、1階を片付けながら仙石画廊のころの絵を持ってきて、少しずつ改装。1年くらい前に現在のような状態になったらしい。今はこの場所が、辻さんの画廊兼アトリエとなっている。

スナップ写真の人物画の後は、エロ本を見てすっごいエロい絵を描いてました。それを描いて出しきった後から、ピンクで全部描きたくなってね。こんなにピンクの家になったのは、この画廊からです。ショッキングピンクが刺激的で目にパンチが来る感じがイイんですよね。この家はずっといじってるので、完成っていうのはないんですよ。

約10坪ほどの2階建ての家は、すべてが辻さんの作品だ。2階から1階へは、階段と反対方向に滑り台はあるし、屋根の上には「空飛ぶベッド」と題したベッドが置いてある。1階には「タルコーヒーカップ」という、人が入って手動で回すことのできる作品も。すべて値段をつけて販売している。

全然売れないですね。1回だけ懇意にしている田中さんって知り合いが買ってくれたのが、3万円くらい。すごい値下げさせられたから、儲けはないです。公募展にも出さない。1回だけ『トーキョーワンダーウォール』に出したけど、全然ダメで。この場所以外での販売や個展やグループ展の経験もないです。なにしろ画家仲間は1人もいないですから、出す気もないですよ。そもそも、なんでみんな出展するのかわかんないですよね。自分で値段をつけてるってことは俺は売れたい意識はあるんでしょうけど、「無理だろう」っていうのが若干

屋根に登る階段部分にも作品があふれている

バスルームにも辻さんの作品が並ぶ

デカインです。だって藝大受けてるときも受かると思ってやってなかったし、俺はデッサン力がないんでね。上手い人はすごい上手いから自分の中じゃダメですね。

「あさくら　しっこ」「しね」小学生に襲撃され、触られまくり壊されまくり

そんな辻さんは実家のある北千住から、毎朝早くに自転車でこの画廊にやってくる。朝2時に起きて、家で朝ごはんを食べ、お弁当を持って朝の3時半から夜の19時半まで、ここで好きなだけ絵を描く。飲みに行くこともなく、友だちとの交流も年に1回程度。夕食は家に戻ってから食べて、20時から翌朝2時まで就寝。インターネットやSNSもしない。2014年5月に他界した祖母から分配された遺産100万円の中から、画材を少しずつ買っていく日々。実に健全な生活を送っている。

水曜だけは描かないけど、それ以外はずっと制作してます。正統な美術からは外れてるのに、何を原動力に俺はここまで来てるのかわからないんですよね。描きたいものがあるからやめてないのか、なぜ描いているのか自分でもわからない。そもそも「アーティスト」を志したことはなくて、気づいたらここにいる。だから将来の夢はない、ノープランです（笑）。

周囲を見渡すと至るところに絵画やオブジェがあふれている。500点はあるそうだ。目の大きな美女や不思議な2頭身のキャラクターなど作風もバラバラで、それぞれのキャラクーの名前は特にないらしい。

ギャル文化に興味があって、ファッション雑誌を見て描いてることが多いんですが、目の大きい人が好きなんです。女性に「すぐ結婚してくれ」って言っちゃうから、みんな逃げていくんですけど（笑）。今は散々逃げられて誰もいなくなったって感じですね。あと、ずっと同じ絵は描けなくて、いろんなことやらないと飽きちゃうんです。この家1軒が俺の作品だから、絵1枚で気に入ってる作品ってのはないですね。

話を伺った2階の部屋には、天井にピンクにペイントされたぬいぐるみが括り付けられている。もちろんこれも作品で、名古屋の親戚の家に行ったとき近所で安くぬいぐるみを仕入れてきてから考案したとのこと。よく見ると、机の上にはピンクで額装されたお祖父さんの遺影写真があるし、壁際にはおばあさんの墓石に刻んだイラストまで飾られている。意外にも、「仙石画廊」「あさくら画廊」2つの画廊名は父方母方それぞれの祖母の名字からとるほど、辻さんは先祖供養を第一に考えている。

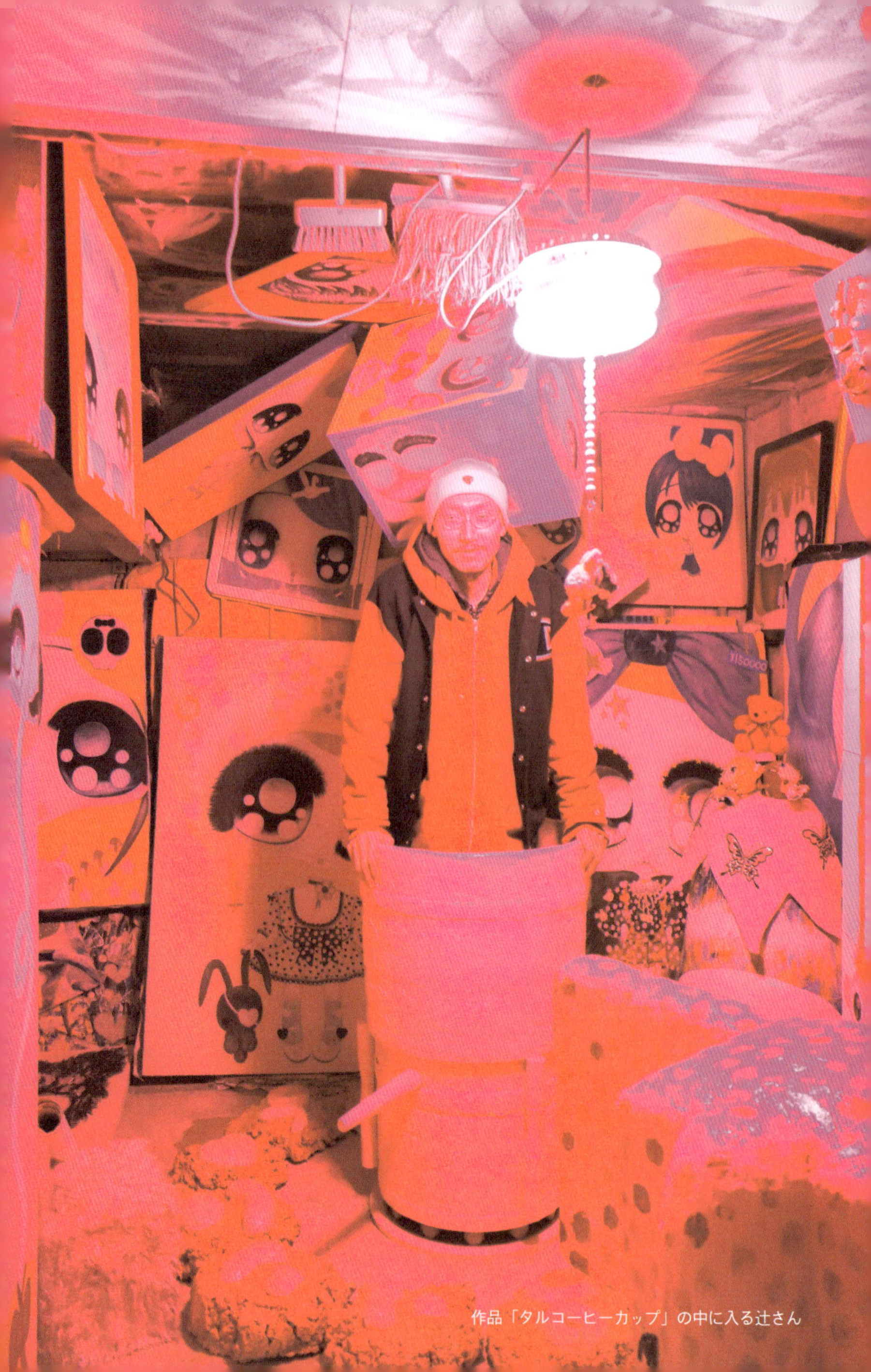

作品「タルコーヒーカップ」の中に入る辻さん

あさくら
がろう

そして、床の間に積み上げられた本は、その多くが秋葉原のブックオフで購入し読み終えたもの。「読んだ本は積み上げてピンクに塗ってますね」と語る辻さんは読書家だ。これまでたくさんの本を読んできたようだが、なかには障害関係の新書も。

妹が頭おかしくなっちゃって、4年前くらいから誰とも喋らないんですよ。両親ともに高校時代に山岳部だったんで、小さいころから登山に連れてってくれてたんですが、子どもたちを置いてスタスタ行っちゃうでしょ。それが妹にはショックだったみたいで、両親に対して恨みを持ってるんです。もう15年くらい部屋にひきこもってて、髪も自分で切ってるみたいです。

大学院を辞めてから様子がおかしくなって、あるとき屋久島へ自殺しに行ったんですけど、死ぬ気はなかったらしく、帰ってきてから部屋でずっと紙を千切ってました。まるで「ハムスターか」ってね（笑）。1年中泣いてる年もあったみたいでね。ただ、部屋からまったく出ないわけじゃなくて、たまに着替えて図書館には行ってるみたいで（笑）。困ったことに、妹は自分ではなんでもないと思ってるから、絶対に医者に行かないんですよねぇ。

「妹は結局なんなんでしょうかね」と真顔で心配する辻さんの背後には、「あさくら　しっこ」「しね」などの殴り書きが。僕は思わず吹き出してしまいそうになった。

これは小学生の落書きです。ここを始めて2年くらいしたときに小学生に襲撃されて、触られまくり壊されまくり。でも、あの子たちのこと案外愛してるんで、塗りつぶさないですよ。

実際、ウェブサイトには小学生の作品コーナーまである。ところが、そんな小学生たちがある日マッチで遊んでいるときにボヤ騒ぎを起こしてしまい、それを近所の人が学校に通報し、ついには警察が出動。

めちゃめちゃ警察に怒られましたよ。「小学生が来ない場所にしてくれ」って言ったら、それから全然来なくなっちゃってねぇ。

そんな「あさくら画廊」は、小学生だけではなく近所の人たちからも愛されている。もともと辻さんが生まれ育った家のため、顔見知りも多いようだ。ちなみにこの家でいちばん安い作品は0円。いちばん高いのはこの家1軒で6000万円だったが、先日出演したテレビ番組で家の価格は半額になってしまったそう。勇気のある読者は、購入してみるのもいいかもしれない。

辻さんは東京という巨大メディアの中心で、さまざまな情報を遮断しながら生活している。僕が最初にインターネットで検索してヒットした「辻修平」は、同姓同名の装丁家だった。インターネットという映像世界の中に彼の残像を見つけることはできない。辻さんは、作品に値段をつけているものの「別に売れなくてもいい」と思っているし、「たぶん有名になれそうにもない」とつぶやく。オンラインでもオフラインでも、あらゆる〝つながり〟を拒絶している辻さんは、さまざまな制度や規範から自由だ。公募展にも出さない辻さんは、僕たちからするといちばん遠回りをしているように見えるが、もしかするとそれはかつての芸術家が孤高の境地を求めたように、「芸術」にとっていちばんの近道を歩んでいるのかもしれない。

つじ・しゅうへい／1977年生まれ／東京都在住
あさくら画廊　http://asakura11garo.web.fc2.com

8.
爆弾さん
Bakudan-san

路上の果て 爆弾さん

持ち物をすべて服の中に詰め込んで

全国各地の表現者を求めて取材を続けていると、拒否されることだってある。本章で取り上げるのは岡山に暮らす路上生活者だ。彼はこれまでメディアの取材は一切断ってきた。自分の人生が一変するような高額報酬でもない限り、決して首を縦には振らない。考えてみれば無理もない。取材によって名が知れ渡ることは、路上生活者にとって、ともすると嘲笑の対象となり、自分の身に危険が及ぶことも想定されるからだ。今回は何度かお会いすることにより、特別に取材を受けていただくことができた。

林央子の著書をもとに開催された展覧会『拡張するファッション』を香川県の丸亀市猪熊弦一郎現代美術館で見た帰りに、岡山駅でデザイナーズ・ブランドの変形服を着用したような出で立ちの路上生活者に遭遇した。それは展覧会で見たどの衣服よりも刺激的な風貌だった。本名や生年月日は非公開。通り名で「爆弾さん」と呼ばれている。以前、体験ノンフィクション漫談芸人・コラアゲンはいごうまんの漫談で紹介されたこともあり、岡山ではちょっとした有名人だ。

爆弾さんの特徴は、その上半身にある。自分の持ち物などをすべて上半身の服の中に詰め込み、丸々とした爆弾のようなそのシルエットが出来上がっている。カバンなど必要としない。まるで坂口恭平の「モバイルハウス」のごとく、被服の概念を覆すようなスタイルに大きな衝撃を受けた。

その日は写真だけ撮らせてもらって、爆弾さんに会うために後日、僕は丸1日かけて岡山の街を探し歩いた。もちろん携帯など持ってはいないので、ひたすら足で探すしかない。交番で聞いたり道行く人に尋ねたりしても見つからない。「さっき見かけた」という足取りを追うが、ついに出会うことはできなかった。そして数ヶ月経ったころ、偶然岡山駅で爆弾さんに再会、お話を伺うことができた。

爆弾さんは、東京の郊外で2人きょうだいの長男として生まれた。洋楽が好きで、1984年にはオジー・オズボーンの来日公演で渋谷公会堂へ行ったこともある。本人曰く「特に何ってことはなかった」という学生時代を過ごし、将来は農学部で遺伝子を研究する研究者を目指していたという。ところが、実際に入学したのは誰もが知っている有名大学。両親の見栄で就職に有利な文系に行くことになったようだ。

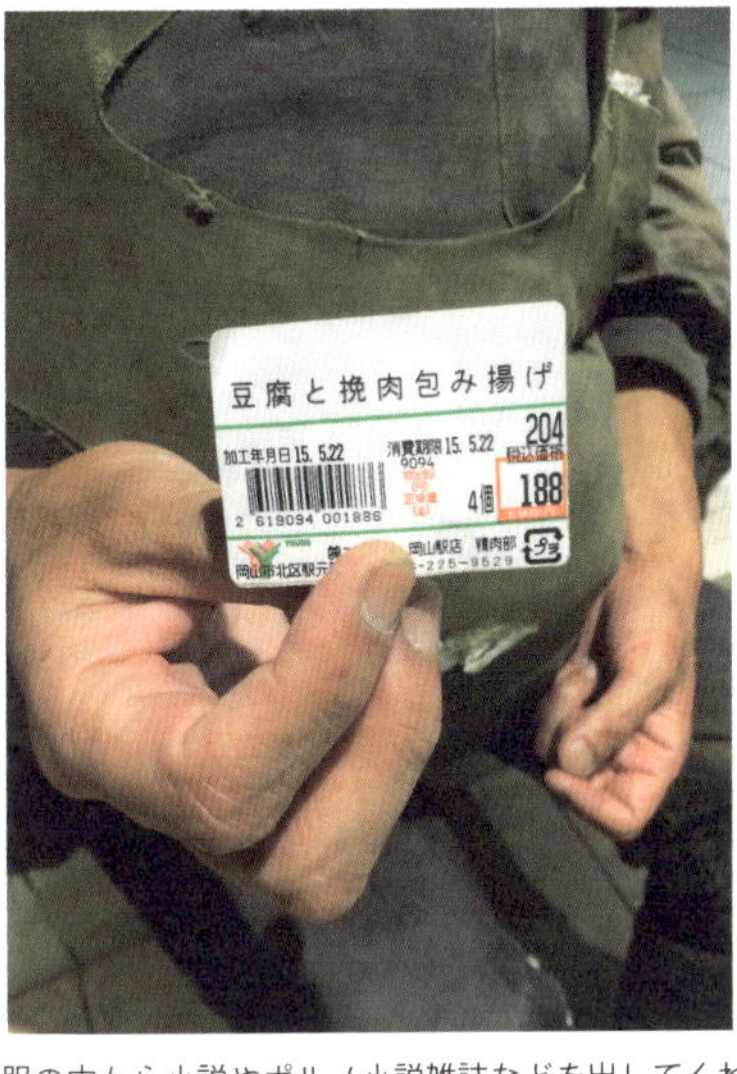

服の中から小説やポルノ小説雑誌などを出してくれた。食品表示ラベルは、
いつ食べたか分かるようメモ代わりに保管しておくのだとか

レールの敷かれた進路に嫌気がさした爆弾さんは、取得した単位も30ほどで、大学2年の途中で休学。両親の手前、やめることもできず籍だけは残していたものの、ついには退学処分に。その後は別の大学に通うわけでもなく、書店員などいくつかの職を転々としながらバイト生活を続ける。これまで定職に就いた経験もない。「大きく出遅れてしまった」と語るように、両親の見栄の中で生きてきた爆弾さんにとって、自らの意志ではあるがレールから外れてしまったことで、自分の将来について大きな絶望と不安を抱くようになってしまったようだ。若いうちはバイト生活を続けられるが、年をとれば雇用も減っていく。やがて爆弾さんは職を失い、路上生活を送るようになる。

そんな爆弾さんが、岡山にやってきたのは1993年のこと。そのころすでに仕事をしていなかった爆弾さんは、長期出張で部屋を空ける知人の代わりに1ヶ月間岡山で暮らした。その後1度東京に戻り、2000年ごろ再び岡山にやってくる。「東京でこういう生活するのは危ないと思うんですよ」と、どうやら治安を重視したようだ。さすがに路上生活を長く続けているだけあって、どこの地下街がいちばん遅くまで開いているかなど、地下街の様子に精通している。

寝るときはこのまま。このお腹のは横向くから、そんなに邪魔にはならない。1回階段で寝てるときに転げ落ちたことはあるかな。寝てる間でもやっぱり緊張してるから、熟睡はできないんだろうね。朝は起こされることが多くて、やっぱり人が通ってるんで夜は1時くらいには寝てるんじゃないかな。この辺は夜になるとシャッターが閉まるんで、昼間はこっちにいて、寝るときはあっちに移動してるね。やっぱり冬は寒いから外にはいられないもんで。

「爆弾さん」と呼ばれるようになったきっかけは、コラアゲンはいごうまんが取材に来た際、「あの人は誰ですか？」と通りがかりの女子中学生に聞いたところ「爆弾さん」と発言したからだとか。「周りの人はみんな、オウム真理教の教祖に風貌が似てるから『彰晃さん』って呼んでますよ」と、側に座っていた男性が教えてくれた。どうやらボランティアで関わる男性のようで、爆弾さんとは5年ほどの付き合いとなる。ボランティアの人たちも、爆弾さんの本名や年齢は知らない。自分の素性を語りたがらない人も多いようだ。

服はバッグの代わり 昔から手ぶらが好きなんで

現在岡山市内にいる路上生活者は、およそ40人。経済的な問題からネットカフェや、車での生活を強いられているホームレス予備軍と呼ばれる人は約２００人もいるという。そんな人たちを支援するボランティアの炊き出しは市内で週に3度開催され、日曜と木曜だけ爆弾さんは

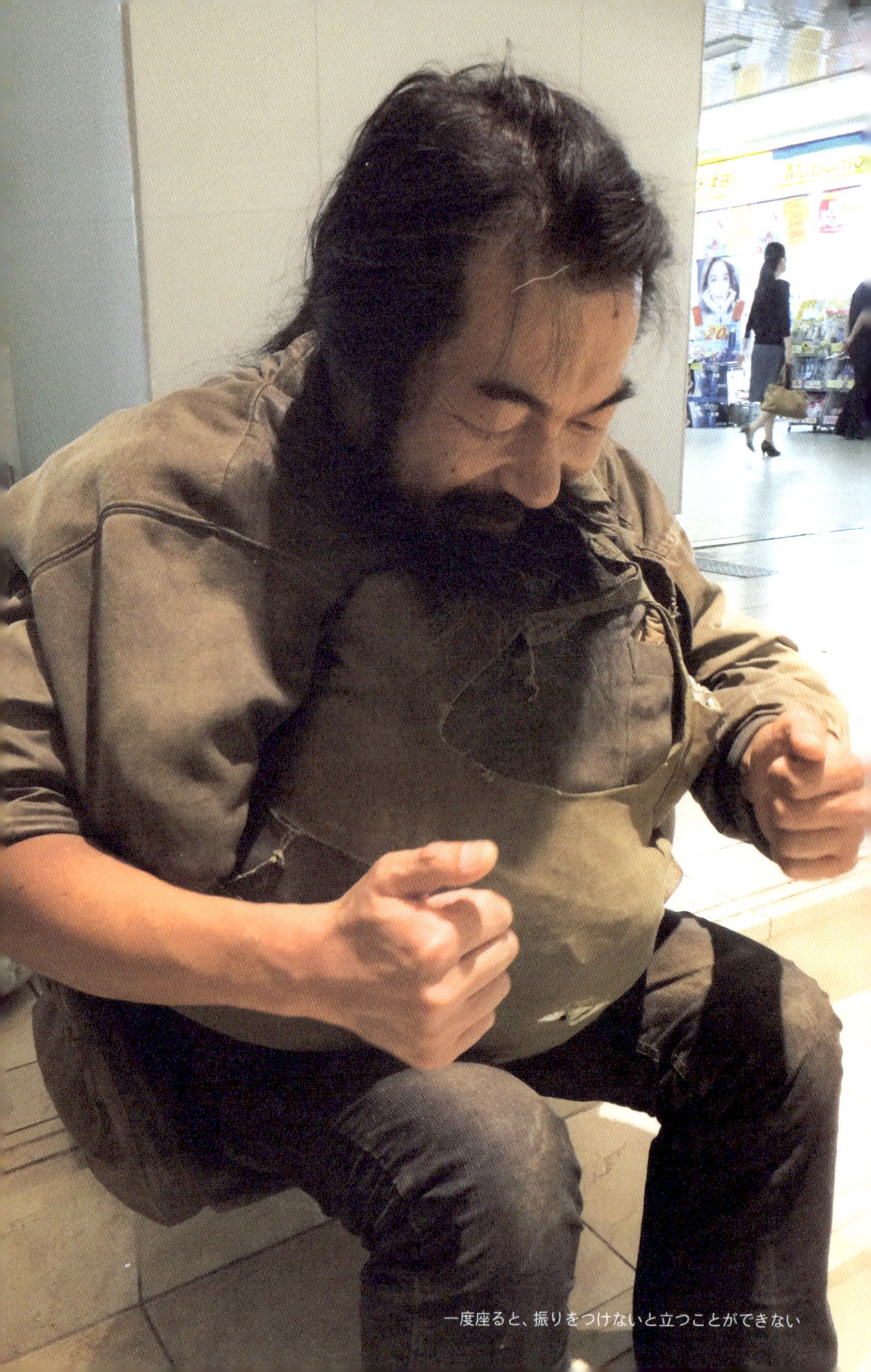

一度座ると、振りをつけないと立つことができない

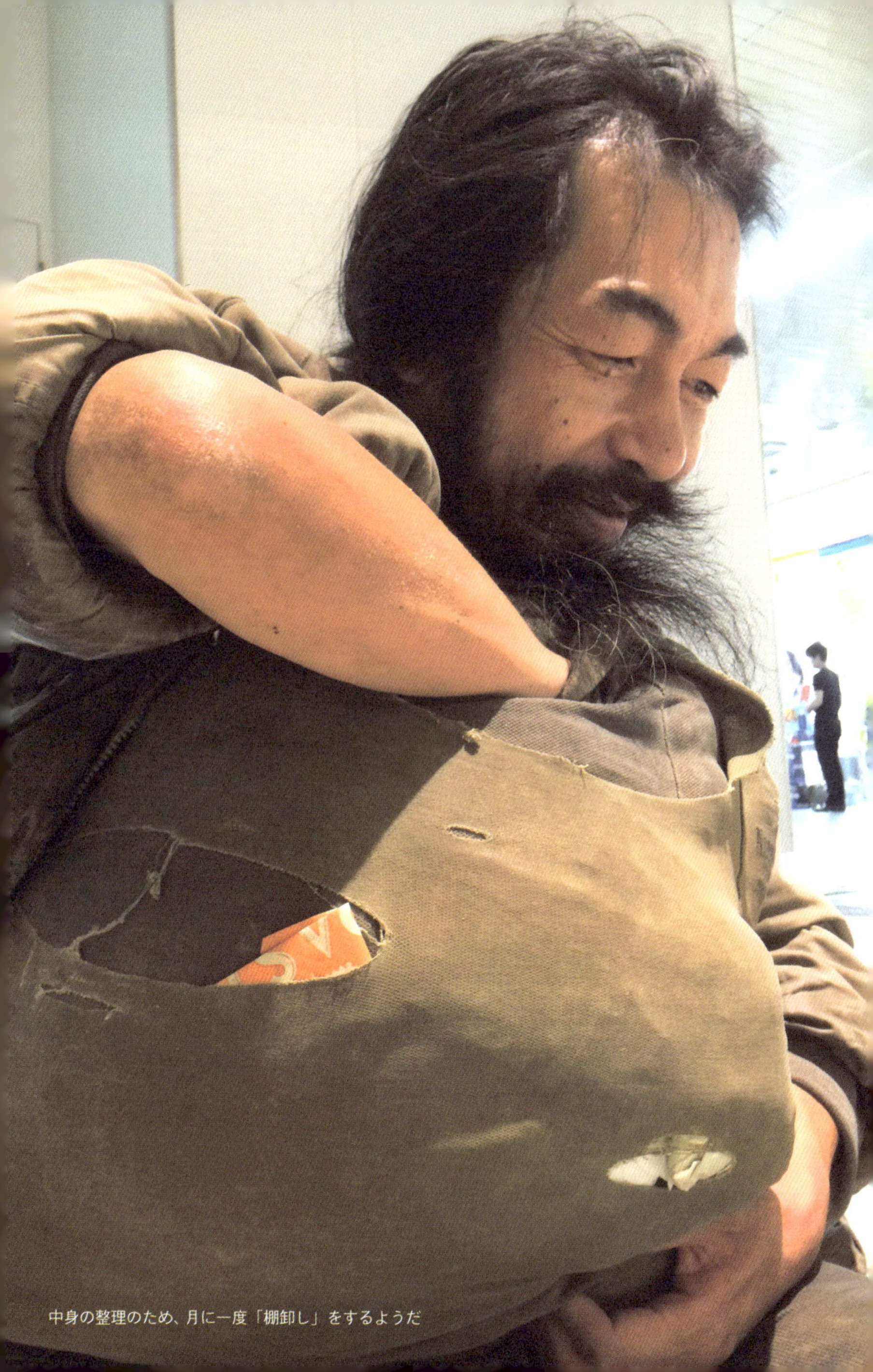

中身の整理のため、月に一度「棚卸し」をするようだ

やってくる。街でよく目にする空き缶拾いなどは「置き場所に困るし盗られるといけないから」していないそう。その代わり、落ちているお金を根気よく探し続け、拾い集めたわずかな小銭が、今の爆弾さんの食費となっている。

お腹はいつも減っています。なかなか米とかは食べられないから、半額になった惣菜とかを食べてるね。前はよく歩いてたけど、今はすぐ周辺くらいしか歩いてないね。どんどん元気がなくなってて、体はそりゃもう相当悪いですよ。

たくさんの荷物を抱えて歩いているんだから、体を悪くするのも無理はない。なんといっても、丸々としたその服装は、ポロシャツを3枚重ね着し、首にはカバン代わりにトレーナーをぶら下げている。上に着ているのはたったそれだけ。反対に、中に入れる物は年々増えていき、お腹は大きくなっているそうが、やはり夏場は暑いようだ。

服はバッグの代わりだね。この中には、和田竜の歴史小説『忍びの国』やもらいものの聖書、それにポルノ小説の雑誌とかが入ってるね。何年か前に、拾った図書カードで買ったものかな。他には下着や紙袋や食べ物も少し入ってて、あとはスーパーの食品に貼ってある食品表示ラベルを取ってある。これを見たら、なに食べたかわかるでしょ。中でぐしゃぐしゃになってわけがわからないから、ある程度触るまではなにか認識できないけど。まぁ、中の物を捨てるにしても、なにがなんだかわかんないんで、すぐ捨てるわけにもいかないし、最近は体力がなくなったこともあって、日中は人がいるから夜中にしかできないでしょ。でも、ちょっとしたらすぐ眠くなるから、なかなか進まないんだよね。

そして、服に物を詰め込むようになった経緯を「昔から手ぶらが好きなんで、財布とか金とかを腹に入れることはあったんかなぁ。腹というか横だね。背中や腹が膨らむと目立つけど、横は目立たないんで。単に手に持ってるより楽だし、今はこうやって服に詰め込んでりゃ盗られないからね」と語る。

お話を伺う中で、爆弾さんには常に「物を盗まれるかもしれない」という恐怖心があることに気づいた。普段意識することはなかったが、改めて考えてみると、路上は恐怖であふれている。必要な情報が得られず、いつ危険なことに巻き込まれるかわからない。特に、爆弾さんのように家族との繋がりがなくなれば不安は一層大きいだろう。話の最後に「もう、なにかやるのも、なにかを始めるのも遅いと思う。新しい服やカバンより金が欲しいね。そりゃ多けりゃ多いほど欲しい。金さえありゃ解決することが多いと思うね」とつぶやいた。

路上生活者に至った経緯は人それぞれあるが、多少なりとも自ら望んで路上生活を送っている人はほとんどいない。そして爆弾さんのようにドロップアウトをしてしまう人は、必ずしも本人の問題だけではないのだが、もう1度元のレールに戻ったり、システムに則って上手くやっている人たちに勝つのは容易ではないという社会構造が存在している。世の中はよくなったと言われるが、景気はそれほどよくはないし、それに加えて中高年者の再雇用は難しい状況だ。路上生活の人たちも高齢化が進んでいる。そんな中で、本人がどんなに努力してもどうにもできない状況がある。こうした事態は、もはや他人事ではない。そんなモヤモヤを抱えながら、僕は帰路についた。

後日、再び岡山を訪れた際に、いつもの場所を探し回ったが、もうそこに爆弾さんの姿はなかった。

ばくだんさん／生年不詳／岡山県在住

9.
城田貞夫
Sadao Joden

お水のカラクリ道

城田貞夫

巨大オブジェに河童や達磨像
謎すぎるスナック「ジルバ」

ＪＲ福山駅から車で国道４８６号を北上すること約30分。のどかな田園風景を走っていると、目の前に倉庫を改修したスナック「ジルバ」が現れる。駐車スペースにもなっている1階に車を停め、入口に近づくと、聖徳太子やホステスなどの等身大のカラクリ人形がセンサーに反応し、一斉に音を立てて回り出した。「夜中だったら、確実に逃げ出していた」としばらく呆然としていると、「びっくりしたじゃろ」と金髪の男性が扉を開けて出迎えてくれた。赤いシャツを着たロカビリー歌手のような風貌のこの男性、彼こそがスナック「ジルバ」のマスター・城田貞夫《じょうでんさだお》さんだ。

城田さんに案内され、中に入ると、そこはライブハウスのようなステージ付きの巨大空間が広がっていた。廃品でもらってきて自分で修理したという巨大なゾウやキリンのオブジェに、誰でも自由に叩けるというドラムセット。そして店内のあちこちにはカラクリ人形や1本の木から彫り出した河童や達磨像が鎮座するという謎すぎるスナックだ。

城田さんは、昭和15年に農家の三男として広島県世羅郡甲山町（現在の世羅町）に生まれた。小さいときから工作の得意な子どもだった。高校を中退して上京し、塗装工場やタクシー運転手の仕事を経て、はとバスの運転手として働いた。そこでバスガイドをしていた奥さんと出会い、やがて田舎が恋しくなって23歳で帰郷。地元で板金塗装業の仕事をしていたころ、近所の人たちと趣味で社交ダンスを習い始めた。終わってから打ち上げで飲んでいる際に、これなら水商売ができるのではと思い立ち、42歳のとき、一念発起して喫茶店の跡地にスナックを開店。社交ダンスの名前にあやかって「ジルバ」と名付けた。ハイビスカスの花のような店の看板に見とれていると、「あれは踊り子のスカートを真下から見たところよ」と教えてくれた。

店内の人形は独学で制作
ステージ上で手作りのカラクリ芝居が開幕

人形制作はすべて独学で、絵を習ったこともない。最初につくったカラクリ人形は、オヨネーズの名曲『麦畑』が流行した時に、嫁《およね》が鎌で夫《まっつぁん》のチンポを切る仕掛けにした。「いけんのはわかっとったけど交差点に飾ったら、小学生にゃあ、ようウケたわ。そのうち教育委員会やお

スナック「ジルバ」の入り口には、人が近づくとセンサーで動くカラクリ人形が並ぶ

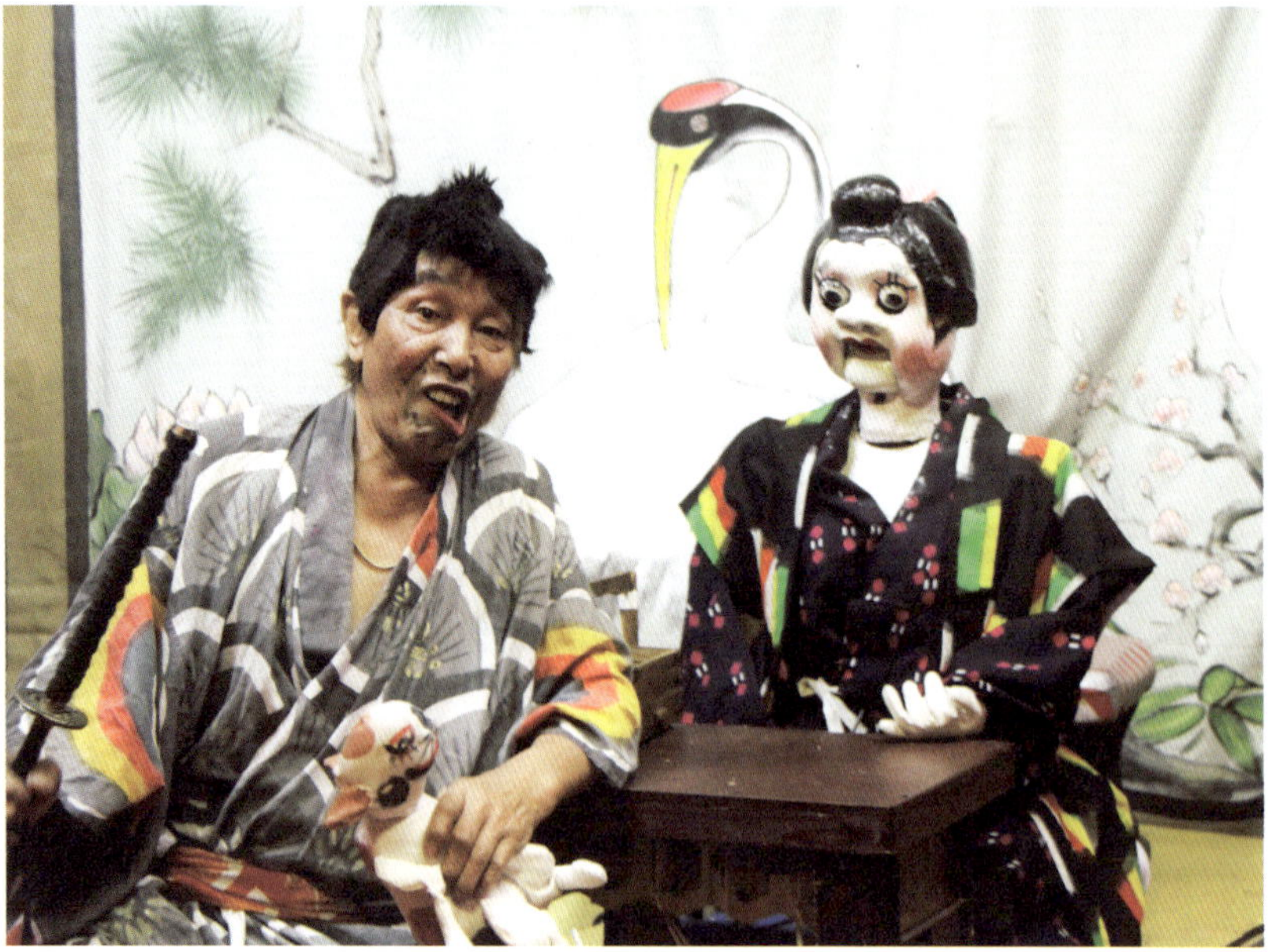

城田さんが演じる十八番のお芝居「番場の忠太郎」。
カメラを向けて、すぐにこんな顔ができる人はなかなかいない

新作芝居「穴コンダ」。性行為を模した壁の「穴」から、登場したアナコンダに酋長役の城田さんが飲み込まれ、無事脱出できたもののアナコンダの子どもにペニスをかじられている様子

巡りやら来て、半年くらいで撤去されてしもうた」と笑って語る。道路沿いで始めたスナックだったが、「騒音がうるさい」と近所の人たちから苦情が出るようになり、毎日のように警察からも連絡があったそうだ。そこで現在の場所に移転したが、倉庫だったため、城田さん自らが改修を手がけるようになった。

このスナック「ジルバ」を始めて、もう35年になる。夜、スナックが開店し、気分が乗ってくるとステージ上での城田さんのカラクリ芝居が幕を開ける。披露してくれたのは、「番場の忠太郎」。奥さんの軽快な前説で舞台の幕は上がる。自ら脚本を書き、照明・衣装・小道具などすべて手作りという一人芝居は30分にも及んだ。時々、人形と人間の声色を間違えたり、上演するごとにセリフが違っていたりするのは、ご愛嬌だ。他にも「姥捨山」「九段の母」「三馬鹿踊り」など、そのレパートリーは幅広く、なかには人情劇もあり危うく涙しそうになるものもあった。

城田さんは、『欽ちゃん&香取慎吾の全日本仮装大賞』にこれまで何度か出場し、2013年の第89回大会では、「耕運機でおめでとう」という演目で優勝した経験を持つ。自転車のハンドルに段ボールや廃材など、なるべくお金を掛けず身近な材料を工夫して、これまで30体ほどのカラクリ人形をつくってきたというから、本当に驚きだ。しかも、スナックという性質上、作品のほとんどがエッチなテーマだったり、性器をモチーフとしていたりする。「こういうことをするのは、余裕がないとできん。昔は食うていくのにようようじゃったけぇな。今、夜の仕事じゃけぇ、昼間は時間が空くじゃろ」と壊したり、またつくったりしながら、時間があるときにコツコツつくっているのだとか。合間を見つけては、1ヶ月ほどかけて制作を楽しんでいる。近年では、かかし祭りでの人形制作やイノシシを撃退する発明品「シシオドシ」などスナック以外での制作の機会も多く、それは故郷に対する彼なりの恩返しなのかもしれない。

景気がいいときは、2階席までお客さんが入るほど繁盛していた「ジルバ」だが、今は2〜3人の時もある。アクセス面でも決して便利とは言えない田舎のスナックだが、城田さんは今もお客さんを楽しませるため、人形の制作や新作の芝居の練習を続けている。「どんなことがあってもやり続ける」というその姿勢は、常に新しいアイデアを生み出す原動力となっている。それは同時に、あらゆる出来事に対して1歩踏み出す勇気のない僕らの背中を、力強く後押ししてくれるものだ。

じょうでん・さだお／1940年生まれ／広島県在住

10.

小林伸一

Shinichi Kobayashi

極彩色のラッキーハウス　小林伸一

自宅をイラストで埋め尽くす「ハマのアメ横」のアートハウス

横浜市の西区と保土ケ谷区をまたにかける洪福寺松原商店街。段ボールを屋根に積み上げた光景が名物の外川商店をはじめ、あたたかい下町人情が漂い、「ハマのアメ横」としていつも賑わいを見せている。

その商店街の中にある総菜店「京町屋食品」で、なぜか毎日自分のメガネを中性洗剤で洗ってもらっているという商店街の有名人に出逢った。それが、この店の常連でもある小林伸一さんだ。そのメガネは、とても変わっている。レンズはセロハンテープで固定され、耳にかける部分は何重にもガムテープが巻かれていた。

4年くらい前に病院で「痩せろ」って言われて8キロ落としたら、ガムテープでいっぱい巻かないと落ちてきちゃうんだよね。それと、1日かけてても耳が痛くないのが利点なの。レンズは、ネジがなくなってきちんと留まってないからセロハンテープで留めてんの。これがいちばんよく見えるからね。だから馴染みの商店街の社長が「新しいのを買ってやる」って言うけど、断ってんだよね。

すっかり話し込んでしまった僕は、商店街の裏にあるという自宅にお邪魔させてもらった。このお宅が本当にすごい。小林さんの手による植物や食べ物、富士山そして鉄腕アトムなどの手描きイラストが描かれた自宅外壁。玄関を開けるとトイレや風呂場、2階への階段や寝室、そして床にまでハートマークや富士山、季節のイラストなどが色鮮やかなタッチで描かれている。先日、黄永阜《ファンヨンフー》さんが86歳から村全体を絵や文字で埋め尽くした台湾の「彩虹眷村（日本語で「虹の村」）」を訪問してきたが、日本の、それも横浜にこんなアートハウスがあったとは。ひととおり部屋を案内してもらった後、薄暗いリビングの椅子に腰掛け、小林さんはその半生を語ってくれた。

76歳の小林さんは、昭和14年に横浜市中区竹之丸で4人きょうだいの3番目として生まれた。5歳のとき50歳だった父親がアル中で亡くなり、ずっと母親1人に育てられた。

絵は全然ダメで、あんまり好きじゃなかった。だけど工作は1年からオール5で、版画と

鴨居や土壁にもびっしりと絵が描かれている

かを彫るのが好きだったの。僕が40歳のときに「親父が宮大工やってた」ってわかったんだよね、だからそういう遺伝もあるのかな。

得意な木工の仕事を求めて、中学卒業後は横浜市内の家具屋へ丁稚奉公に。ところが、外で材料が入ってくると積んで、帰ったら中に入れるという運搬の仕事ばかりで、木工技術は教えてくれない。すぐに嫌になってしまったようだ。

だから見よう見まねで、家具に取っ手やカーテンや鏡をつける仕事を覚えちゃったんだよね、覚えたらみんなやめちゃうから、僕が代わりにやってたわけ。5人で一緒に入ったのにさ、あるとき4人が机つくり始めたの。だから頭きちゃってね。「俺もこんなのやってる場合じゃなくて机つくらしてくれ」って。でも半分つくったら、また「取っ手の方をやってくれ」って言うから、頭きちゃって、それから1週間休んじゃった。そしたらつくる人いないでしょ、いっぱい溜まったころ、出勤して「やめます」って。ざまあみろだね。

1年半勤めた家具屋をやめた後は、日産自動車の下請けである木工所へ。昔は木でつくった自動車部品が多かったが、生産を倍にするために、ちょうど機械を導入し始めたころで、次第に仕事が半分になってしまう。「こりゃあ、もう倒産するな」と思って、そこも1年半で退職。

そのあとは東芝や日本電気へ面接に行くが、身体検査ですべて落選。ブリヂストンタイヤ（現在のブリヂストン）を受けたら体育館に計測器が並んでいて、「身長や体重が足らないからダメだ」と言われてしまう。昔は2交代や3交代の仕事だったから、体格が重視されたようだ。そのため横浜の職業安定所に「身体検査がないところがいい」と言ったら、東京のプラスチック会社を紹介され、ほとんど試験がないまま「明日から来てください」とすぐ採用に。

入ったら製造現場だったのに、現場の仕事しないで「お前、木工所いたんだからハシゴつくれんだろ」って。それでハシゴつくってやったら今度は「2人くらいぶら下がってもいい棚つくってくんねえか」って言われて。棚つくってやったら今度は「40の引き出しがある書類棚つくれ」って言うの。つくるもんなくなったら「1日50円の手当てがある大工仕事を募集してるから行くか」って。だから現場入ったのに現場の仕事しないでさ、ずっと大工してたわけ。

そうしたところに会社の建物が火災に遭い、建物の3分の1が燃えてしまう。「まだ入社して半年しか経っていないから、俺はクビだ」と思っていたようだが、燃えたところの人員が30人解雇され、なんとかクビはまぬがれる。しかし、そんな安堵も束の間、再び転機が訪れた。

階段にも小さな手作りの下駄が並ぶ

2年半くらい経ったら、今度は「人がやめちゃったから、荷造りしてくれ」って言うんだよ。昔は荒縄の時代だから、手がガサガサになっちゃうんだよね。だから「こりゃ大工に戻れないな」と思って、運転免許とって「運転手にしてください」っつったら「いいよ」って言われて。そのあと、人が来たから「倉庫行け、現場行け、クレーム返品係へ行け、配車係へ行け」とかで、結局10年で11回も配属が変わっちゃった。それで会社が千葉の野田に引っ越しするっていうから、頭きちゃって「社長、俺は10年で11回も異動してるから、移転したら好きなことを10年やらしてくれ」って言ったら「いいよ」って。「じゃあ一筆書いてよ」って言ったら「書けねぇ」って。「書けねぇならやめるよ」ってやめちゃったの。

全国各地を転々とがむしゃらに働いてきた

このとき40歳となっていた小林さんは、横浜や鶴見や川崎の職業安定所へ毎日通うが、なかなか仕事も見つからない。やがて姉の夫の経営するボイラー会社の子会社を紹介される。運転免許しか持っていなかった小林さんは、親会社のボイラー会社で修業してくるよう命じられた。ここでも1日中ヤスリがけをする仕事に嫌になり、頭にきて、また「やめる」と言ってしまうが、「だったら半日座ってやる仕事がある」と勧められたのが、製作図面に従って工作物の表面に加工基準となる線や穴位置などを描く、「けがき」という作業だった。そして、この仕事が小林さんにはピッタリ合ったようだ。

「コップ1個つくるのに6分でやれ」とか、全部時間が決められてるんですよ。できない場合は「こういう理由で6分のとこ10分かかった」って申請書書いて出すわけね。仕事がなくなって「仕事ない」って上司に言うと「草むしりしてくれ」とか「ペンキ塗りしてくれ」って言われるから、それで労働した時間を請求してたの。でも夜勤とかいろいろやってたんだけど、結局仕事なくなっちゃってさ。挙げ句の果てに「下水処理場に半年行け」って。ウンチを固めて粉の石炭と混ぜる機械をそこに据えたから、テストのように行かされてたわけ。「凝固剤が目に入ったら失明する」とか言われてね。頭きちゃってね、臭くて最初は弁当食えないし、「ネズミから感染する病気に感染しちゃうと、肝臓やられて死んじゃうから」って、地区内の保健所で予防接種も受けたよ。それで雨の日に行って混ぜてたら泥水と石炭が混ざって全身真っ黒けになっちゃって大変だったよ。

だけど、半年行って帰って来たらまた仕事ないの。それで横にいた先輩まで他の会社行っちゃってさ、そのあと福島原発でボイラーの中のグラインダー掛けの仕事を3ヶ月。昔はマスクなんてないから手ぬぐい巻いてね、グラインダーで削った粉塵をバンバン浴びてね、ひどい目にあっちゃった。

福島から戻ってきた小林さんは、今度は親会社の日立がある神奈川県秦野市で1年間の寮生活を始める。6人部屋で、「お前が鍵閉めなかった」など喧嘩が絶えなかったという。そのあとは「日立の小田原へ3ヶ月技術を盗みに行ってこい」とか「広島の製紙工場へ1ヶ月入ってこい」など、まさに全国各地を転々とする生活を送るようになった。

広島の工場じゃあ、燃えたカスが溶岩のようにドロドロと出てくんのよね。それを長いひしゃくですくってさ、固めて粉にして分析すんだけどね。「燃えカスを取るときに爆発するから注意しろ」とか言われて。12月の中頃に、煙突の中段まで登ってビーカーをサンプルに差し込んでブルブル震えながら測定したのを覚えてるね。

結局、子会社に飛ばされてボイラー材料を手配する仕事になったが、中学校で英語を習った程度の英語力だったため、なかなか苦労したようだ。

前任者が大卒だったんだけど定年でやめたくないから、僕に教えないようにしてさ。僕がダメだったら、自分がまた引き継ごうと思ってたらしいのよ。ちょっと質問すると「2回目じゃねえか！」って教えてくれないの。その人は机を新聞紙で高く囲って、自分の仕事を見せないようにしてんの。
僕は英語習ったことないからさ、帳面にAからZまで書いて、「何て読んで材料はどういうものでどこの棟に入れるか」とか書いてたね。エラーで何回も返ってきたけど、事務所の女の人も「教えてあげなよ」って言ってくれたんだけど、やっぱり教えてくれないから、他の人に「やめる」って言ったら、「もうちょっと頑張りなよ」ってみんなから言われて。その教えてくれない人に「僕はこの仕事向かないから近々やめる」って言ったらニコニコしちゃって、それから教えてくれるようになって。結局僕が仕事覚えちゃったから、その人やめたんだけどね。

働いていた子会社は、その後広島の同業会社と合併することになり、59歳でリストラを受け退職。何十もの仕事をこなし、がむしゃらに働いてきた小林さんの最後は、あっけない幕切れとなった。

中卒だから、どこ行っても給料少なくて、年金は59歳までしか払ってないでしょ。だから今は節約生活。水もメーター分回さないようタライに垂らしてて、そこに溜まった洗面器2つ分を食器洗いのときに使ってんの。それで懐中電灯を照らしながら夕飯の支度をして、食べるときは豆電球1つで食べるの。あと食材を買いに行っても「これ火通すの」って聞いて、

「通す」って言われたらもう買わないのよ。まぁ、うちのやつは浪費家だから、熱いものしか食わないんだよ、俺だけ節約生活なの。

退職後、次々訪れる不幸のなか家の外壁に絵を描きはじめた

奥さんとは35歳のときに、兄に紹介されお見合いで結婚した。そのとき、奥さんは26歳。それからずっと夫婦2人で暮らしている。「僕の家だから、どこに絵描こうが、奥さんには文句言わせないもんね」と力関係は小林さんの方が上のようだ。そんな小林さんに、退職してから次々と不幸が訪れてしまう。

僕が60歳のころ、近所で建て替える家が多かったから、大工に聞いたら「20年しかこの家はもたない」って言われて、40年くらい前に建てたからさ、不安でノイローゼになっちゃって精神病院へ半年間通院したのよ。「家がぶっ壊れるんで、なんとかしてください」って駆け込んだら、先生も困ってたね。それで家から病院まで30分くらいかかるもんだから、次第に行くのが遠いから嫌になってやめたら、ノイローゼも治っちゃったの（笑）。

そして翌年には、かかりつけ医に何度かＭＲＩや問診をしてもらったときに、脳梗塞が見つかる。幸い早期発見だったため、服薬治療で済んだそうだ。

あと69歳のときには、乳癌になって2回手術したの。最初はマンモグラフィーやんないで診察だけで切られて、放射線治療を25回受けて10万円。4年経って、マンモグラフィーやってみたら、乳首の後ろにまだ癌があるって。頭きちゃったねぇ。それで乳癌で飲まされてた薬に骨がもろくなる副作用があって、骨のレントゲン見た医者が「うわー、ひでえな。骨がスカスカだから転ぶなよ、転ぶと即死亡だよ」って言うの。だから当時は怖かったねぇ。

そんな小林さんが絵を描き始めたのは、今から4年ほど前。それまで家の壁を3回ほど自分で塗装していたが、やがて高所での作業が怖くなってきたため、あるとき外のトタンのサビを業者に塗ってもらうことに。その結果、今度は塗装していない箇所のサビが目立って、手が届くところを自分でも塗るようになり、その上から絵を描くようになった。

最初は家の外壁に描いていたが、外を通りかかった人が「ここに何を描け」などと言い出すようになり、通行人のリクエストに応じて描いていたら野菜や富士山、植物など、統一感のない絵が混在することになったようだ。やがてトイレや風呂場、そして室内のあらゆる箇所に絵を描くようになり、あとは床や天井を残すだけとなった。

だいたい描けるところは描き終わって、下の方は寝っ転がって描くから取っといたんですよ。でも家の中を見た人は「みんな天井が空いてる」って言うけどさ、あそこに貼ってるのと同じ大きさのを270枚描いたんだよね。前に脚立から落っこって肋骨にヒビが入ったから、もう怖くて脚立登れないから押入れにしまいっぱなしなんだけど。天井を埋め尽くすくらい描いたの。

そう言って小林さんが押入れから見せてくれたのは、1枚だけ天井の隅に貼られたものと同じ大きさの、多量のドローイングの束だった。なんでも40歳くらいから、キャラメルやお菓子の外箱のデザインを拡大して描き、それを各お菓子メーカーに送っていたようだ。

いつもデザートに寒天ばかり食べてたからね。「ハッピーターン」も色んな味になりゃあ、デザート代わりになるんじゃないかと思って、「ぶどう味、イチゴ味、栗味ハッピーターン新発売」って絵を描いて送ったの。「季節ごとにいろんな味をつくってくれ」って。返事がこないんだよ。だから、頭きてもうハッピーターン食わなくなって、今は「かっぱえびせん」ばっか食べてんだ。

ちなみに小林さんの意見を参考にしたのか不明だが、現在までに亀田製菓のハッピーターンは、製造終了したものも含めマンゴー味、木苺味、抹茶味などさまざまなフレーバーが発売されている。

そしてたくさんのドローイングを、千葉県のとある美術館に送ったこともあるようだ。

そしたら、「展示は正式な手順を踏んでください」って返ってきちゃったの。見せるために送っただけなのにさ。同じものを横浜市長にも送ったけど、誰もなんにも言ってこないね。あと『ナニコレ珍百景』に家の写真を120枚くらい撮って送ったんだけど、いまだになんにも言ってこないの。えっ、あの番組終わったの？？　節約してテレビ見てないからわかんないんだよ。

小林さんの寝室には「絵の参考にしていた」というお菓子の空き箱がテレビの上に並べられていたが、床は足の踏み場がないくらい沢山の、お菓子の袋であふれていた。

お菓子はそんな好きじゃないけどね、人にあげるためにストックしてんの。どこでもなんか買うときはレジに必ずお土産持って行くの。「1日立ちっぱなしだから大変だろう」って、「これあげます」って渡したら商品と勘違いしてレジ通しちゃうの。「違うよ、うちから持ってきて、あんたにあげるやつだよ」って渡すと、「えー」ってみんなビックリするの（笑）。この間も「野菜ポッキー」を10パック買ったら、2分で知らない人に配り終えちゃったよ。

「死ぬかもしれない」という恐怖を抱え それまでの人生を浄化するように描き出した

そんな小林さんのライフスタイルは、朝3時30分に起きて深夜0時に寝るという、睡眠時間3時間ちょっとの毎日。もう、この生活が体に染み付いているんだとか。

朝3時半に起きたらまず、ひげ剃り器のスイッチを入れるんですよ。夜に使った食器を外の薄明かりを利用して洗ったりなんかして、4時半くらいから朝食を食べてる。5時半くらいからやっと明るくなるんだけど、待ってられないから鏡を出して、薄暗いところで描くわけ。明るいところで見たら「はみ出てんな」ってこともあるし、あんまり寝てないからいろんなことやってると、途中で眠くなってくるんだ。家の中は今のところは全部描いてるんだけど、だんだん日が当たったりして色が薄くなってってんだよね。

聞けば、モチーフとして多用している「富士山」と「ハートマーク」は、単に好きなのだとか。「富士山」に関しては、若いときは山登りもしていたようで、「神奈川県にある山は55回も登ったけど、富士山はどうも登る気がしない」とのこと。そして画材は油性マジックを使っている。

小林さんの絵をよく見ると、風呂場とトイレの扉には春夏秋冬をテーマにしたイラストが1枚ごとに描かれているし、点描のようなタッチが特徴的だ。でも、これは土壁に描いたときに、壁紙がとれないようにしかたなく編み出した描き方らしい。参考にしている画家もいない。ダイニングのテーブルが小林さんのアトリエになっているが、今は木材が散乱している。そして、ふと足元に目をやると、ダルマなどのイラストがたくさん描かれた小さな箱が積み上げられていた。中に入っていたのは、小さな手作りの下駄だった。

なんでも木工所で働いていた20歳ごろから、会社の機械や木をこっそり使って、仕事中に隠れて自分が履く下駄をつくっていたようだ。ところがプラスチック会社に転職したら木があまりないから、代わりに小さな下駄をつくるようになったのだとか。

下駄は縁起物で、江戸時代にはお金のことを「お足《あし》」って呼んでたんですよ。だから、できたら人にあげてるの。国連にも寄付したことがあるけど、会社の人にはあんまりやらなかったなぁ。福山市の「日本はきもの博物館」（現在は「松永はきもの資料館」）にも20足寄付したしね。

今まで下駄を31種類つくっててんだけど、今32種類目を寝ながら考えてるの。だからあんまり寝れてないの。下駄づくりが忙しいから、玄関だけしか絵を塗り直せてないんだよね。

毎日絵を描いたり下駄づくりに励んだりしている小林さんだが、テレビ番組などで取り上げられたことで、見物客が押し寄せるようになっている。「入館料取って美術館にすればいいのに」と僕などは思ってしまうが、小林さんはせっせと持ち帰り用のお菓子や絵を、今日も準備している。

死ぬまで続けるね、これが生きがいだもんね。見学者には絵を描いてあげてるんだけど、このあいだ来た人なんか、「絵を見に来たんだから絵をあげるよ」って言ったら、「急いでるから帰ります」って。「急いでんならもう来ないでくれよ」って、頭きちゃったよ。

そう笑う小林さんの絵を、お話を伺ったあとで見直してみると、どこか縁起を担いだような絵が多いことに気づく。小林さんは、これまでいくつもの仕事をこなし流浪の人生を送ってきた。退職後は「死ぬかもしれない」という恐怖を抱えながら生きてきた。小林さんがそれまでの人生を浄化するように描き出した作品群は、僕にはなんだかありがたい仏画のように思えてきた。ここにも絵を描きたくてしかたない、描かなければ死んでしまう人がいる。

帰り際に、「これ持って帰ってよ」と沢山のお菓子や全種類の下駄31個、そして、なんとそれまで描きためてきた270枚のドローイングを初対面の僕にあっさりとプレゼントしてくれた。自分の描いた絵に執着はなく、今は沢山の人に見てほしいようだ。そう、今度は僕が小林さんの意志を引き継ぐ番だ。

こばやし・しんいち／1939年生まれ／神奈川県在住

11.

野村一雄

Kazuo Nomura

落書きラビリンス

野村一雄

「父が7年と数ヶ月の歳月をかけて描いたA1サイズの迷路を誰かゴールさせませんか」

今や3億2000万人が利用するソーシャルメディアの1つTwitter。国内では3500万人が利用し、宮崎駿監督の映画『天空の城ラピュタ』がテレビ放映されると「バルス」とツイートすることが流行したり、地震や台風の際にはTwitterで救助を求めたりするなど、ライフラインツールとしても不可欠なメディアの1つになっている。そんなTwitterのタイムラインに、ある日こんな興味深いツイートが流れてきた。

30年前、父が7年と数ヶ月の歳月をかけて描いたA1サイズの迷路を、誰かゴールさせませんか。#娘として困惑してる #この才能を他の場面で活かせなかったのか——

このハッシュタグ付きのつぶやきが、投稿されたのは２０１３年1月のこと。そのとき添付されていた画像に写っていたのは、大判ポスターサイズの紙に細かくびっしりと描き込まれた超細密な迷路だった。投稿者である作者の娘にコンタクトを取り、僕は静岡県へ飛んだ。

ＪＲ静岡駅から東に約６キロの距離にあるＪＲ草薙駅。現在、新駅舎の改築や高層タワーマンションの建設など急速に整備が進むこの駅の付近に、その迷路の作者は暮らしている。作者の野村一雄さんは、取材当時67歳。現在の静岡県静岡市清水区に3人きょうだいの長男として生まれた。

生まれたときは、安倍郡有度村で、合併して清水市になって、それから静岡市になって今に至ってるわけです。小学校は有度小学校で、ずっと帰宅部。清水市立第七中学校のときもそんな感じでした。高校は、清水工業高校で将来のことは何も考えてなかった。図書委員をやってましたから、本を読むのが好きだったくらい。ＳＦとかいろんなもんをゴチャゴチャ読んでましたね。

高校を卒業したあとは、地元にある日本鋼管（現在のＪＦＥエンジニアリング）の造船所に勤務した。人生の転機が訪れたのは23歳のときのこと。

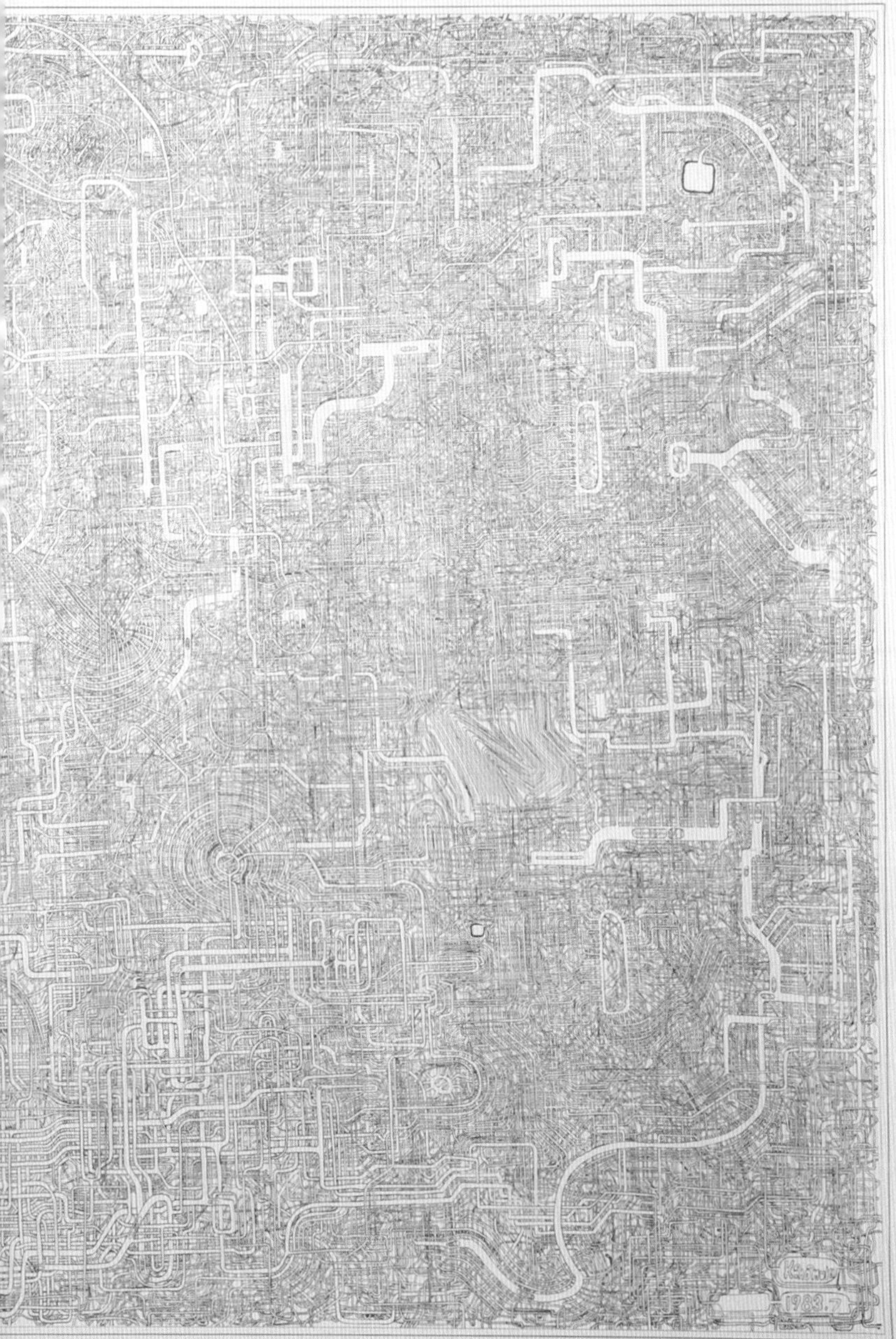

1983.7

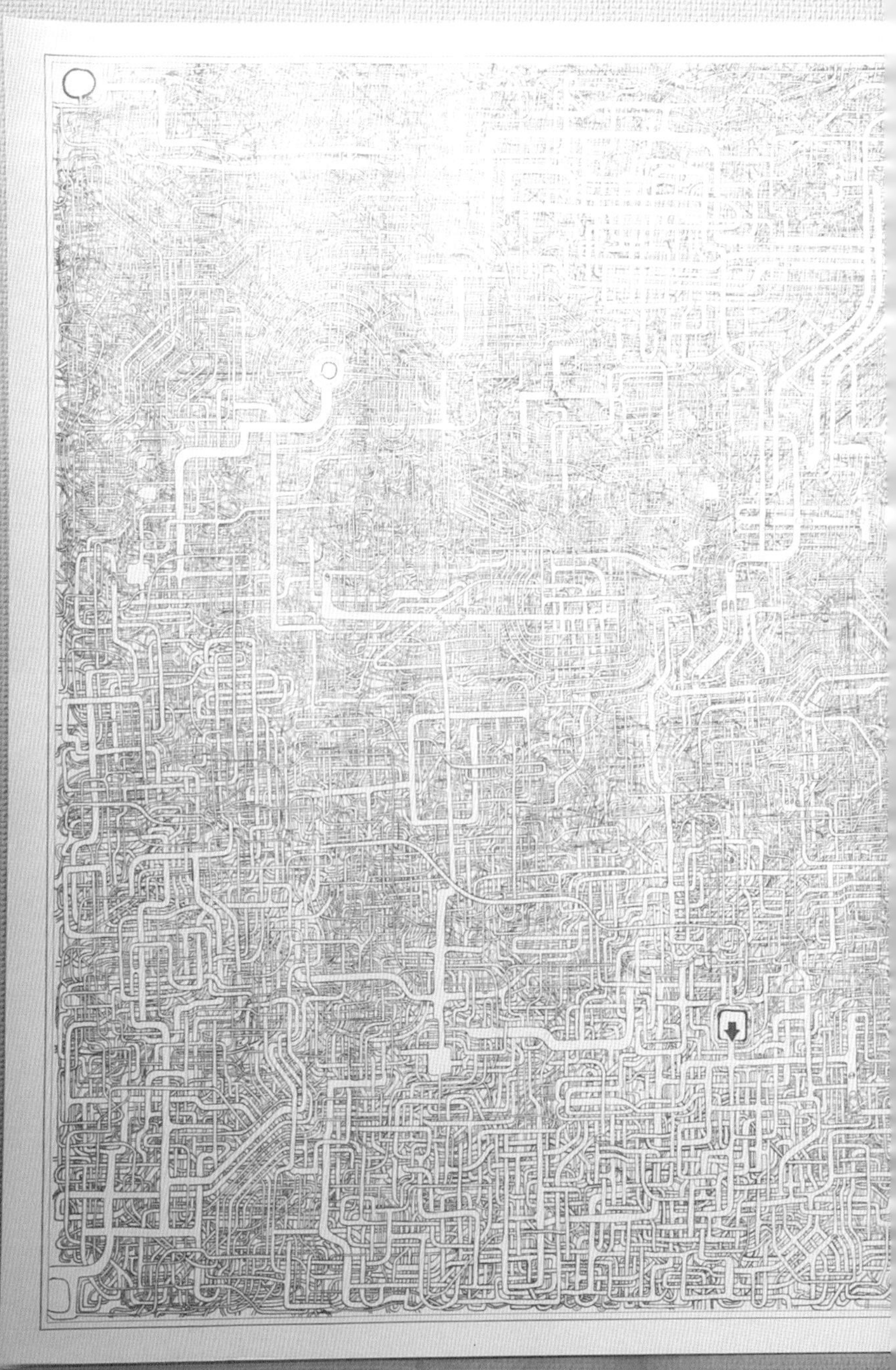

1983年7月に完成した1作目の迷路の複製画。ゴールは5ヶ所ある

あるとき目にした新聞広告に「いちばん売れてるクラシックレコードが、ヴィヴァルディの『四季』だ」って書いてあったんですよ。「へぇ、どんなもんだろう」と思って試しに聴いたら、すぐヴィヴァルディが自分に合ったんですよね。そこからクラシック音楽に目覚めていろいろ聴き始めたんです。ところが、なかには寝ちゃう曲もあったんで、寝落ちを防ぐために迷路を描き始めたんです。だもんで、適当に描きはじめて、密度とか統一されてないし、下書きもしてないですよ。常に描いたんじゃなくて、ちっと描いちゃ、ほったらかした。だもんで、7年かけて、こんなになっちゃったんですね。完成するまで誰にも見せてません。

なんとこの超細密な迷路は、27歳のときから、クラシック音楽の寝落ちを防ぐ目的で描き始めたものだった。黒のサインペン1本で、7年かけて、1983年7月、野村さんが34歳のときにようやく完成した。迷路のゴールは5ケ所もあり、すべて実際にシミュレーションしてみたそうだ。そして、その迷路が描かれた大きな紙は、当時所属していた地域の青年団で偶然もらったものだという。

20歳くらいから入ってた青年団で、あるとき、「青年祭があるから、地域の有度地区の青年団と一緒に歌を歌おう」って話になって。昔から声だけはデカくて、それまで歌うのは全然好きじゃなかったんですけど、歌ってみたら結構楽しくて27歳のときに地域の混声合唱団に入りました。

その混声合唱団で知り合った14歳下の妻と、40歳になる2ヶ月前に結婚。その後、奥さんもクラシック音楽を好きになり、一緒に聴くようになったそうだ。やがて、3人の子どもを授かった。

迷路が完成したあとは、「印刷してみんなに配ろう」と思い、印刷を静岡の印刷所に依頼。ところが、当時の技術ではカスレて上手く印刷ができず、そのうえ、迷路の原本を業者が紛失するという、とんでもない災難に見舞われてしまう。ただ、そんな野村さんにとって幸運だったのは、弟が印刷会社に勤めていたことだ。

静岡で印刷できるところが当時3軒しかなくって、弟がちょうど名古屋の方にいて、原本がなくなったんで、印刷が失敗した紙の薄くなったところを、また自分で上から描き足して、200枚刷ってもらったんです。自分の知り合いに配ったんだけど、50枚しか配れなくて、結局150枚も残っちゃった（笑）。だもんで、物置にずっと置いとったんですよ。

それから、150枚の印刷した超細密迷路は、自宅の物置に眠ったままだった。30年後に、家族が発見して陽の目を見ることになったが、最初はゴミとして扱われていたという。

1作目のスタート部分

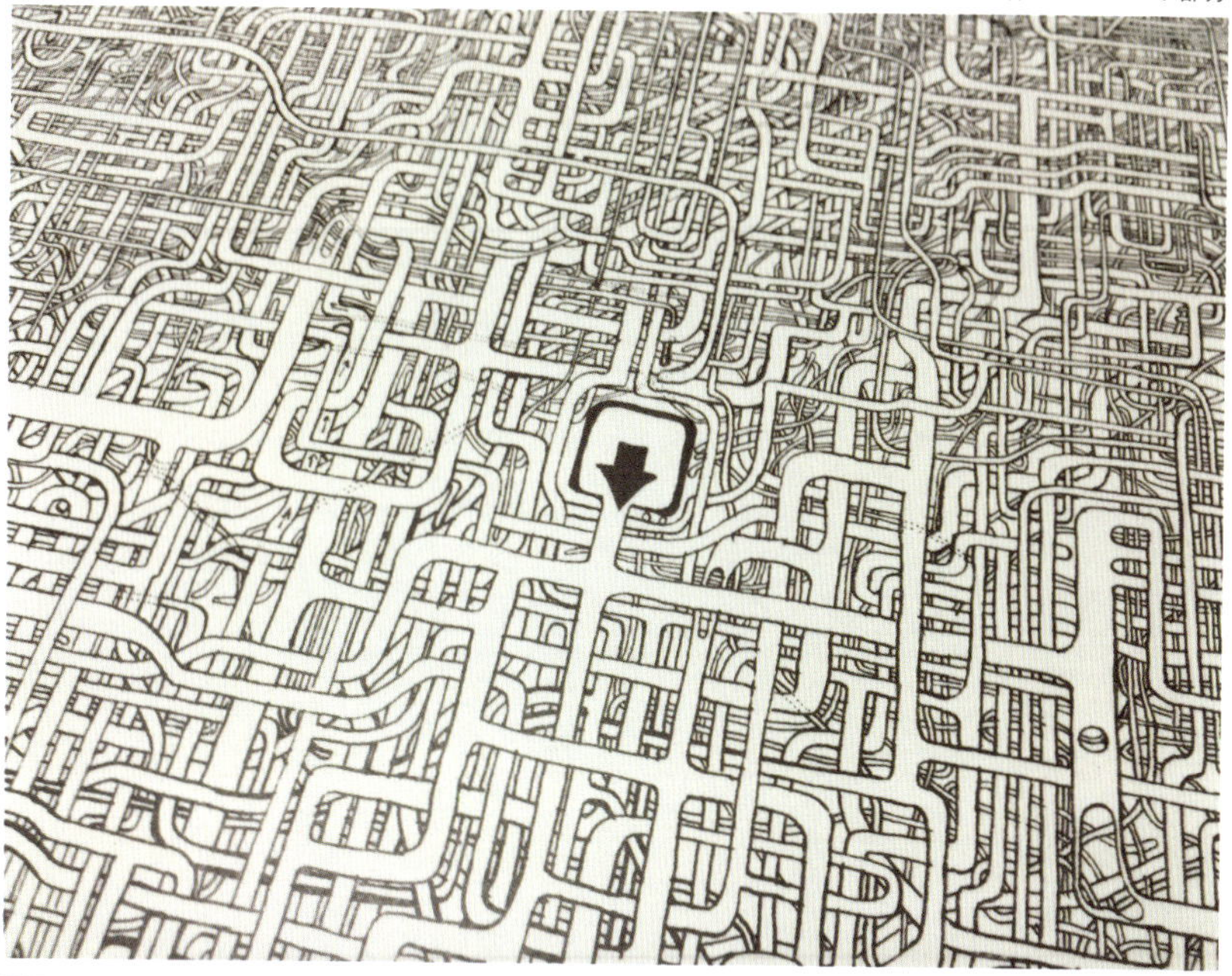

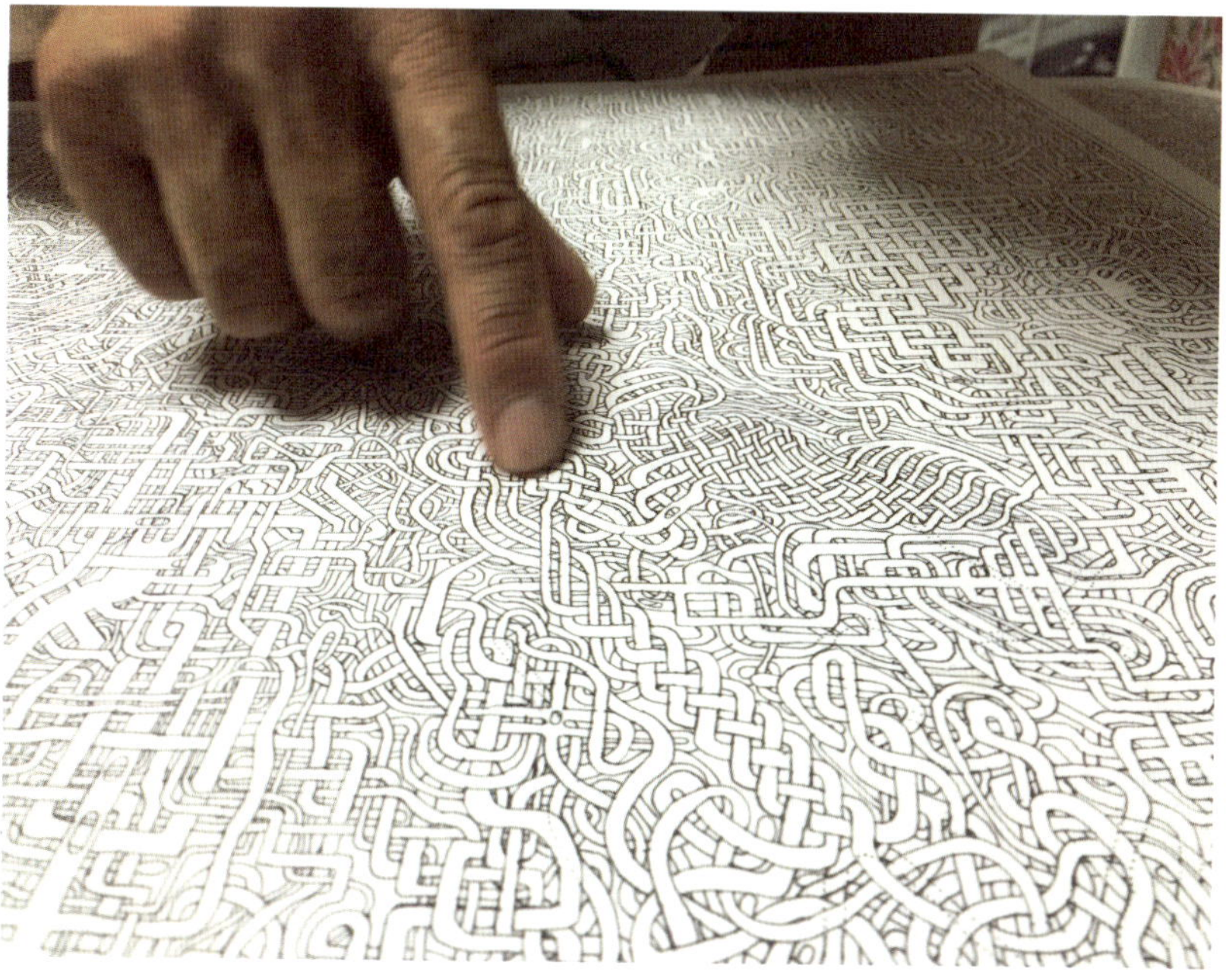

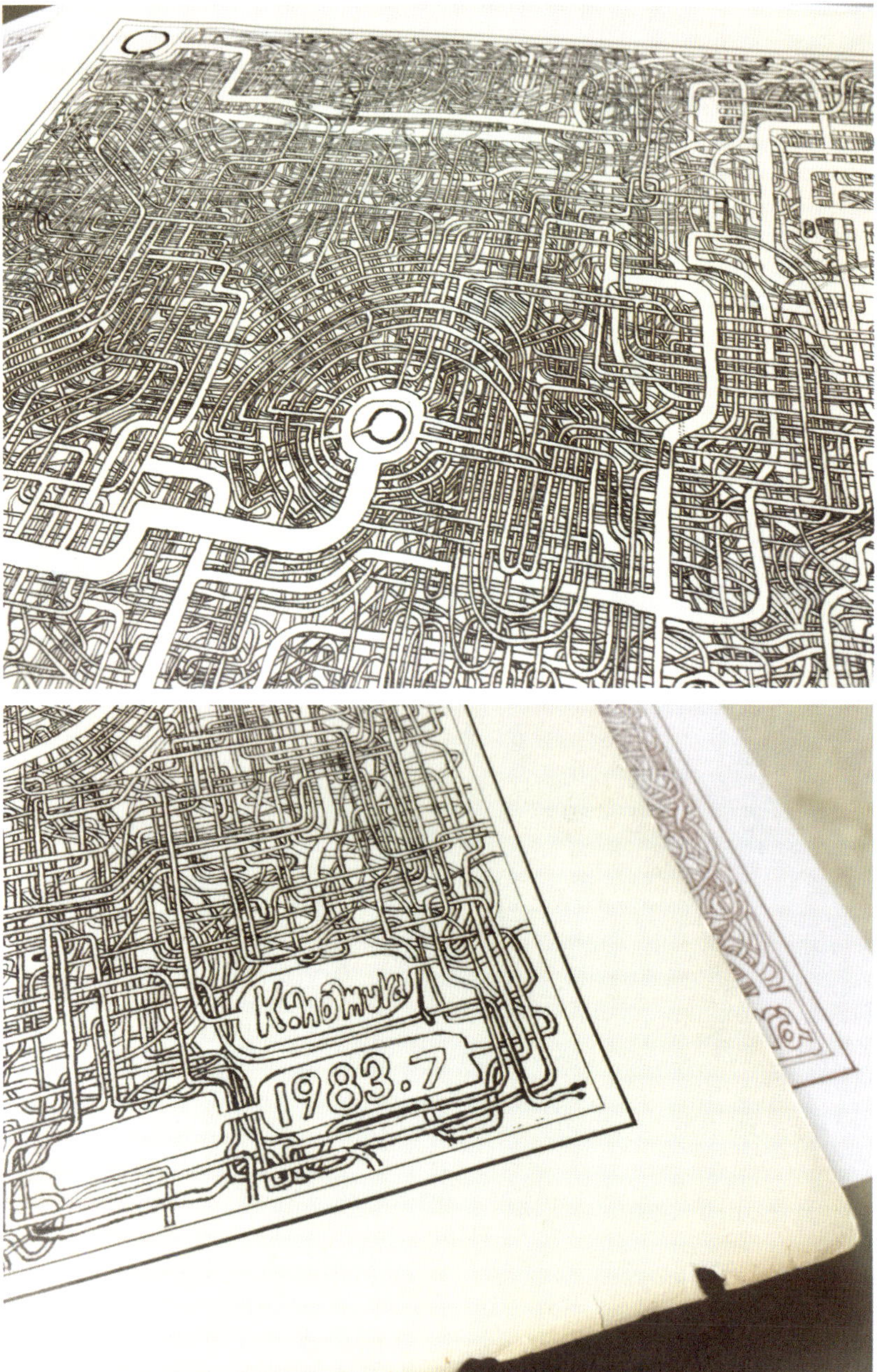

1作目の右隅には、「K.nomura」のロゴと制作年が

うちの嫁が、「あの迷路、邪魔。ゴミ」とか言い出してね、最初付き合ってるときに見せたら、「うわ、すごいね」と言ってたんだけど。心のうちではね、「この人、大丈夫かしら」と思ってたって(笑)。その会話を、娘も横で聞いてて「普通のゴミじゃもったいないよ、資源ゴミにしな」なんてほざきやがって。「それもゴミじゃないか」ってね、腹立つ。

あるとき、娘が静岡でイベントの実行委員長をやることになって、「80人ぐらい来る」っていうから、「じゃあ、その人たちにこの余った迷路をイベントで配れ」って言ったら、「イベントとは全然関係ない」ってイヤ～な顔したけど、「とりあえず写真撮ってTwitterに流してみるよ」って。それで全世界に広まっちゃった。

そのあと、150枚あった迷路は、配り終えてしまったため、新たに印刷し直したのだとか。よく見ると、再印刷した迷路は、「見る人の目が疲れないように」と元とは違う薄い茶色の線に変更されている。

点描画で日本の軍艦をトレース
誰も描いてくれないから しかたなく自分で描いている

そんな野村さんは、61歳で退職し、63歳から静岡大学の用務員として働いている。最初は教育学部のパート職員で、その後は派遣社員として草刈りなどの業務をこなす日々だ。これまで上京することもなく、生まれてから今までずっと実家暮らし。昨年は、2作目となる迷路を32年ぶりに描きあげた。今度は、クラシック音楽を聴きながらではなく、ただひらすらに描いたため、わずか5ヶ月で完成。迷路のゴールはひとつだけだ。「本気出したら1作目は7年もかからなかったと思いますね」と笑って語る。そして、「父さんが32年ぶりに迷路を描き始めた」と長女が再びTwitterで広めると、テレビ番組の取材を受けたり、集英社ジャンプコミックス『ワンパンマン』では、作中で「宇宙船の巨大迷路」として描かれたりするほど話題となった。「2作目は、粗いから大したことないです」と語るように、1作目ほどの密度や細かさはないものの、1作目同様に電気回路のような線の交差が、実に美しい。そして裏面を見ると、下書きをしていないために、間違えた箇所は、紙を貼って線を消したり修正液を塗ったりと補修の跡が見て取れる。

2作目は、印刷した1作目の紙が厚かったもんで、その裏に描いたんです。2作目は20枚刷ってるんですけども、はっきりいってあんまり売れない。最初のほうが売れるんですよ、細かさが全然違いますもんね。さすがに3作目は、もう描く気ないですけど。

陸奥

そう語る野村さんの楽しみは、2作の迷路作品を引っさげて、息子や娘と一緒に東京の「デザインフェスタ」に参加することだ。

「デザインフェスタに持っていくと、みんなこれを見て『うわぁ、すごい』って言ってくるんですよ。それが楽しみで行くようなもんです。でも買ってくれるかっていったら、買いやしないんですよ。各方面から、すごい反響だったもんで、家族の反応も変わりましたね。新たに刷って売れば、もしかすると家計の足しになるかもしれないでしょ。その途端に、『あんた、もっと描きな』って。バカヤロー、なんの価値も見いだせなかったのにねぇ。

実は、迷路のほかに、野村さんがデザインフェスタで売っているものがある。それは、1枚50円から100円で販売している自作の点描画の複製。B4サイズほどの紙に描かれているのは、多くが軍艦の絵だ。

「小学校5年のとき、学校の図書室にあった船の本の裏表紙に軍艦の絵が描かれてあったの。その絵を見て『かっこいいな』と痺れちゃった。だから迷路は、趣味でもなんでもない。本当に描きたかったのは、こっちなの。最初は線画で描いていたんですが、細かくなかったので、定年退職したあとで、点描でやり直しました。線だとやっぱ荒いから、細かいところが表現できないんですよね。
日本の戦艦は、太平洋戦争のときは、12隻あったんです。そのうち残っていたのは「長門」だけ。あとは全部沈んじゃって。日本の駆逐艦がいちばん世界に影響を与えたんだけどね。今まで戦艦から駆逐艦まで全部描いてます。これからも軍艦を描き続けますよ。

野村さんが軍艦の絵を描き始めたのは、クラシック音楽を聴きながら迷路を描いていたころ。ただ、専門的に勉強したことは1度もないという。退職後に初めて描いた点描画は、大日本帝国海軍の戦艦「陸奥」。小さな写真を拡大コピーして、1センチ間隔で鉛筆を使って、写真と画用紙のそれぞれにマス目を引いてトレース。マス目にある線の位置を1つずつ計算しながら描くというアナログな手法で、丁寧に写し取っていった。1枚描くのに2〜3ヶ月かかったそうだ。戦艦や駆逐艦など、これまで描いた軍艦の数は、24隻。特徴的なのは、どれも海面や船底を描いていないことだ。

そりゃ、めんどくさいのと、戦艦だけを強調したいからです。最初に線画で描いていたころは、雑誌に載ってる小さい白黒の戦艦の写真を見ながら拡大して描いていたから大変でした。今は、コピーで大きくできるもんだから、ずいぶん楽になりましたね。

「トレースしてるだけなんで、自分のはたいしたことないです」と野村さんは謙遜するが、コピー機が今ほど普及していない時代は、本当にミリ単位の作業だったことだろう。現在は、作業効率を上げるために、下に電球をつけた木のトレース台を自作。そして軍艦以外にも、ドイツ南部にあるノイシュヴァンシュタイン城や千手観音像、そして「合唱団の演奏会のプログラムの表紙に」と依頼された神輿の点描画など、そのモチーフも多彩だ。

野村さんが絵を描く時間は、決まって深夜0時過ぎてから。深夜1時半ころに就寝し翌朝6時に起床という生活をずっと続けている。彼が、膨大な時間を犠牲にしてまで、点描に取組む理由は、ただ好きだから。「ぶきっちょだから」と既製品の戦艦のプラモデルを組み立てるようなことはしない。僕からすれば、あの精密なトレースの方が、よっぽど器用じゃなきゃできないと思うんだけど。

当時の軍艦の写真って白黒でしょ。写真だとボケてるから、絵にしてるの。そのほうが、はっきりするでしょ。本来、他の人が描いてくれれば、俺はそれを買ったと思うよ。誰も描いてくんないもんで、しかたなしに自分で描いてる。

要するに、野村さんは、ないから自分で創造した。これほど、人が表現をするのに切実な理由はないだろう。その原動力となったのは、少年時代に本の裏表紙で見たあの軍艦の絵であることは間違いない。全身に電流が流れるようなあのときの高揚が、野村さんを今日まで走らせ続けている。そして、自分の表現したいものが、常に世の中の評価を受けるとは限らない。ここに芸術の奥深さとおもしろさがある。世間が迷路ではなく、いつか野村さんの点描の魅力に気づいたとき、野村さんはまた別のレールを走り続けているに違いない。

のむら・かずお／１９４９年生まれ／静岡県在住
野村一雄さんが描いた迷路の販売サイト
https://minne.com/items/84736
軍艦のイラストはデザインフェスタ（東京ビッグサイト）で販売

12.

山名勝己

Katsumi Yamana

進化するデコ街道　山名勝己

大量のペットボトルやぬいぐるみが埋め尽くすカラフルな酒屋「ひめじや」

坂の町や大林宣彦監督の映画でも有名な観光都市、尾道市。JR尾道駅から山側に500メートルほど行ったあたり、尾道市栗原東の住宅街に、異様な雰囲気を醸し出す奇妙な物件が存在している。

国道184号に並行する旧道を挟んで建つ2棟の建物の、1階部分の壁を埋め尽くす大量のペットボトルやガラクタの数々。上を見上げると、サントリーのレトロな看板に「ひめじや」の屋号が書かれている。そう、ここは酒屋なのだ。道の両側がどちらも酒屋の店舗であり、それらがまるごと「ひめじや」主人の作品となっている。

注意して見ると、惜しげもなく吊るされたたくさんのペットボトルはラベルが剥がされ、色付きのPPバンドが中に突っ込まれている。もちろん、蓋もきっちりと有効活用され、アンパンマンやキティちゃんなどのぬいぐるみ、洗面器までもが作品の一部になっており、そのすべてが針金で括りつけられている。1つも落ちていないのが不思議なくらいだ。このオブジェは年々進化・増殖しており、「Google ストリートビュー」ではかつての外観をうかがうことができる。以前訪れたときはスティッチのぬいぐるみが散見されたが、最近は新たに綾波レイのフィギュアが多く括りつけられていた。どうやらご主人は、ブルーが好みのよう。青いホースを輪っか状にして取りつけるなど、アイデアは尽きることがない。

わしゃあ、絵描きになりたかったんよ。日大藝術（学部）には受かったんじゃけど、東京藝大に行きたかったんじゃや。受験に来とる人の絵を見てな。ろくな子がおらんかったけぇな。先生の絵もろくな絵がなかったけぇな、やめたんじゃや。銭（授業料）も安うないし、絵描きじゃ飯が食えんけぇなぁ。

そう語る店主の山名《やまな》勝己《かつみ》さんこそが、作品群の生みの親だ。「ひめじや」という屋号は、姫路出身だった山名さんのお祖父さんが、広島県福山市の出身だった結婚相手のために、隣の尾道に移り住んで商売を始めたことによるものとか。一族は尾道でいちばん大きな八百屋を創業し、豆腐屋などさまざまな商売を手広く営む中で、この酒屋を継いだのが山名さんだった。

山名さんの頭上にあるのは、ピーマンの絵だ

PRAY FOR THE PEACE OF

アカデミックな美術教育に疑問を抱き捨てられた廃材に優しい視線を

山名さんは1953年生まれ。絵を描くことが好きだった彼は、暇を見つけては電車で倉敷の大原美術館まで行き、そこで半日を過ごすなど、幼少期から名画に親しんできた。特に人の少ない平日は、世界の名画を独り占めしている気分を味わうことができたと言う。中学生のときには、尾道美術協会の絵画研究所に所属し水彩画を学んだ。大学は、以前から興味のあったスペイン美術を学ぶため、兵庫にあるカトリック系の英知大学（2007年に聖トマス大学に改称。15年に閉校）に進学。スペイン文学科で語学や美術を学ぶなど正統な学問の道を歩んでいた。

ところが、あるときアカデミックな美術教育のあり方に対して疑問を抱いてしまった山名さんは、「ほんまの勉強は自分でする。自分の家でもできる」と2年半で大学を中退し、尾道に帰郷。「八百屋の後を継いでつぶすわけにもいかんけぇ」と、店を営みながら自分なりの制作活動を始めた。

そんな山名さんの主な仕事は、配達業務。アトリエと化しているのが、配送車として店の前に駐車してある、白い軽のバンだ。その車内で、ペットボトルの蓋に穴を開けたり針金を丁寧に巻き上げたりと、山名さんは作品制作に励んでいる。中を覗くと、車のダッシュボードにまでカラフルなペットボトルの装飾が施されていた。

「昔は2階の格子のガラスにも、裏からアクリル絵の具で模様を描いとったんよ。朝日が当たったら、ステンドグラスみたいになって荘厳な空間におるように見える。キレイじゃったんじゃけど、法事で部屋を使うんでやめてくれって言われて撤去されたけどな」と笑って語る。そして山名さんは、「人間がしたもんじゃなしに、自然にできたもんがなにより美しい」と言い、捨てられた廃材に優しい視線を向けた。

もともとは10年ほど前に、捨ててあった道路標識を店内に持ち込み、周りを針金やペットボトル、人形などでデコレーションし始めたのがすべての始まりだとか。そのうちデコレーションは店の外にまで及び、現在のような状態になったそうだ。

山名さんの表現は、長年蓄積された膨大なエネルギーを伴って、絵画という平面の中から飛び出している。カラフルに装飾を施していくのは、すべては、街行く人の交通安全のためだとか。店に面した道は、車通りが激しい。今はただ、何かの折に撤去されないことを祈るしかない。


やまな・かつみ／1953年生まれ／広島県在住

奥に見える道路標識を店内に持ち込んだところから全てが始まった

車を駐車するスペースは、きちんと確保しているところが面白い

13.

武装ラブライバー

（トゥッティ）

Fullarmed LoveLiver (Tutti)

ヲタの祝祭

武装ラブライバー

（トゥッティ）

女子高生アイドルの物語『ラブライブ！』好きなキャラのグッズで全身を囲う「武装」とは

数年前からTwitterで目にするようになってから、ずっと気になっていた。その姿は、画面の中で見るたびに進化し続け、どこか異国の民族衣装やRPGゲームのラスボスのようにも見えるし、そのファサード感は絢爛豪華な祭りの山車のようでもある。これは『ラブライブ！School idol project』のグッズを身にまとった男性の姿だ。

2010年にゲーム雑誌の読者参加企画として始まった『ラブライブ！』は、9人の女子高生で構成されるスクールアイドルグループが学校統廃合の危機を救うために全国大会優勝を目指す物語で、メディアミックス作品として社会現象を巻き起こしている。そのファンは、「ラブライバー」と呼ばれており、なかでも「武装」と称される好きなキャラのグッズで全身を囲った人たちは全体の1割ほど存在する。こうした武装は、2010年にPSP用に発売された女性向け恋愛アドベンチャーゲーム『うたの☆プリンスさまっ♪』がその起源とされている。

ラブライバーの中でも選りすぐりの武装を披露する人たちは、ラブライバー四天王と呼ばれ一目置かれているが、その1人、Twitterのハンドルネーム「トゥッティ」さんにアニメの舞台にもなっている聖地・秋葉原で話を伺った。彼は、たくさんの人形や缶バッジなどが付いたメッセンジャーバッグを頭から提げ、カートを引いて待ち合わせ場所に現れた。撮影場所までの道すがら、彼の背後から多くの通行人が写真を撮り始めたが、トゥッティさんは平然とカートを引いている。これがアキバの日常なのだ。

トゥッティさんは、1996年生まれの20歳。千葉県船橋市で3人きょうだいの長男として生まれた。小学校6年生の時に見たテレビ番組の影響で、パティシエになる夢を抱くが、専門学校には通わずに、高校卒業後に上京を果たす。希望していたケーキ店の求人がなかったため、都内のフランス料理店で働いた。

『ラブライブ!』に出会ったのは、高校3年生のとき。iOS/Android端末向けスマホゲーム『ラブライブ! スクールアイドルフェスティバル』がきっかけだ。Android携帯が故障しiPhoneを購入した際に、音楽ゲームとしてダウンロードし遊んでいたところ、その姿を同級生が目にし、アニメの存在を伝えた。アニメはすでに1期が終わっていたため、友だちと一緒に夏休み前からDVDなどを借りて観始めると、どんどんのめり込んでいった。9人いるキャラクターの中での推しメンは、1年生の西木野真姫《にしきのまき》だ。

Maki
Maki

最初は、南ことりってキャラが好きだったんです。真姫ちゃんは気が強いんですけど、ちょっとツンデレっていうか、おっちょこちょいなこともあって真姫ちゃん推しになりました。自分の中では、西木野真姫、南ことり、絢瀬絵里が高順位かなと。

上京してフランス料理店で働き始めたものの、周囲に友だちもいなかったため、秋葉原で遊べる仲間を見つけようとTwitterで情報を検索。関東のラブライバーが集うLINEのグループに入れてもらい、交流が始まった。そこで知り合った人たちの多くは、年下の高校生たちだ。秋葉原で一緒に遊ぶようになったが、周りはすでに武装した人たちばかり。

高校生のときは、武装とか全然知らなくて、友だちとライブ行ってちっちゃいグッズを付ける程度でした。東京来たら、みんなすごいグッズ付けてて。「でも俺はやんないな」と思っていたんですけど、昨年11月の誕生日のときに、使用済みのメセバ（メッセンジャーバッグ）を「誕プレだ」って1個もらったんで、じゃあバッグもあるし仕事ばっかで金銭的に余裕もあったからやってみようかなと。

缶バッジをヤフオク！やメルカリで探し、2つのバッグに付け始めた。翌月には、真姫武装をやっていた武装仲間が続けてやめたため、２人分の武装を5万と7万で買い取り、自らの武装に加えた。２０１６年10月には、当時、大阪で真姫武装の頂点に君臨していた四天王の引退に伴って、８万円で武装を丸々購入し、急速なスピードで現在の形に発展していったという。それから１ヶ月後に大阪で開催された『スクフェス感謝祭2016～OSAKA～』で、初めて現在の形を披露した。武装歴はまだ1年足らずだが、Twitterに投稿した武装画像のリツイートが伸びて、「四天王」と言われるようになった。頂点という意味で使われる「四天王」という言葉だが、実際は9人いるキャラクターの頂点がそれぞれいるから「九天王」ということになる。ただ、全国各地に散らばっているため、全員が集合したことはほとんどないようだ。興味深いのは、周囲の相対的な評価でその順位が決められているということだった。

「世代」という呼び名があるのは武装だけで、強さの段階ってのがあって、それはみんなから見ての評価で決まります。あるキャラクターの武装をしていたトップの人が引退すると、次点の人が上がってくるというシステムです。俺らの１つ前の世代の人たちは、ほとんど２０１６年春のファイナルライブでやめちゃってるんで、今トップって言われてるのは、自分たちの世代が多いですね。まぁ、俺らの世代から一気に若くなりましたよ。高校生とかいるんですけど、よく高校生でそれだけ集められるなって思います。ただ、最近の奴らは、四天王と言われたいから自分で名乗ってるやつもいますけどね。

MAKI NISHIKINO

1人では組み立てることができないので知人の協力が必要。完成後は、両手で形をキープする

世代の継承 ハレの探求

伝統様式が見え隠れする秋葉原のストリート文化

その強さの判断基準となるのは、「数」と「見せ方」だという。だから、トゥッティさんのように、きれいな左右対称の形もあれば片方だけ極端に伸ばした形もあるなど、その形態は多様だ。「割合的に見ると、絢瀬絵里の武装が一番人気かなと。ただ、絵里武装も３人強いのがいて、強さが全員均衡なんです。真姫武装は、あまりやっている人がいなかったんで」と謙遜するが、身につけた缶バッジだけで約１０００点、正規の値段で揃えると総額70万円にものぼる。

『ラブライブ!』の人気が上がってきたときに、初代の人たちが缶バッジをバッグに付けて武装したのを、みんな真似し始めたんですけど、身軽だったものが、どんどん進化して俺らの１つ前の世代くらいから、今のような形になりました。メセバを頭にかけたり首にかけたりして、メセバが見えないくらいに埋め尽くして縦につなげるのは基本スタイルです。頭にメセバをかけるのは、高さが足りないからで、バッグを４つ並べたスタイルは、一時期「冷蔵庫」とか言われてました。それだと、俺は量がありすぎるから下ズッちゃうなと思って。

数人分のグッズを正面や腕に付け、さらに両端で持つことを考えたが、とても支えきれない。そこで発案したのが、突っ張り棒を使うことだった。トゥッティさんによると、これまでもバッグの中に短い突っ張り棒を入れた使い方はあったようだ。それは、バッグが曲がって汚く見えないように、バッグの中に段ボール板や短い突っ張り棒を当てる方法だった。だから、突っ張り棒を限界まで横に伸ばし、さらに縦にも使ったのは彼が初めてだ。2016年1月に、初めて縦の突っ張り棒を使ったその姿がTwitterで6000リツイート近く拡散され、大きな反響を呼んだが、「体に付けるのが武装というテンプレがあったから、最初はみんなから『武装じゃねぇ』って言われました」と笑って語る。

そして、武装の細部に目をやると、人形や缶バッジは落ちないように丁寧に安全ピンやマジックテープで留めている。業者に頼んだりはせずに、みな自分たちで造作を施しているそうだ。特に彼の場合は、重さに耐えきれずに安全ピンが外れてしまう箇所などは、バッグに直接縫い付け留めている。そうするとバッグに穴を開けることになり、売るときに価格が落ちてしまうが、売る気はなかったので気にならなかったらしい。特に、ぬいぐるみは、人形の体に刺さないよう注意していると語る。「ここなら自分の中ではセーフかな」と洋服や髪の毛だけにピンを刺して留めるという徹底ぶりだ。キャラクターが描かれたバッグも、キャラクターに直接刺さないようタオルを敷いた上に缶バッジを刺すなど工夫を凝らしている。そして、こうした武装ラブライバーに共通しているのは、後ろ姿しか見せないということだ。

正面では基本やらないですね。正面でやってる人は、知り合いに1人いるくらい。みんな素人だから、顔が出ちゃうと生活に支障が出たり嫌がらせを受けたりする可能性も高いですし。あと、エプロンやぬいぐるみを体に付けて歩いてる人たちは、ジャラジャラしてるので「ジャライバー」っていうんですけど、結構増えてきてますね。そういう奴らの評価が悪くて、最初は武装勢も一緒にされて、「害悪だ」と言われてました。俺は、あれで歩けないんで言われないですけど。

武装ラブライバーの中で、歩くことができないのはトゥッティさんと東條希武装の2人だけ。彼の突っ張り棒を使うやり方は、武装ラブライバーに革命をもたらした。「真似させてほしい」と、東條希の武装ラブライバーから声が上がり、それは1つ前の形だったため、「いいよ、突っ張り棒を立てる形を譲る」と快諾した。その代わりに自分は横に突っ張り棒をもう1本付け足したそうだ。

突っ張り棒を縦に入れちゃった時点で、歩けないんですけど、今後は武装を全部背負って歩きたいなと考えています。5本脚の車輪が付いてる椅子を突っ張り棒の先端に挿せば、な

んとか歩けるんじゃないかなと。まぁ、ここまできたらやめるにやめれないですけど、もし「跡を継ぎたい」って奴が出て、迷惑かけないような奴だったら、いいかなと思います。騒いだりする奴が多くて、ラブライバーの民度が低いのはそういう奴らがいるからなんですけど、自分の中では、そいつらには譲りたくないですね。もし売るんだったら40万くらいです。最近ゲーセンで『ラブライブ!スクールアイドルフェスティバル～after school ACTIVITY～』(スクフェスAC)っていうラブライブのゲームが出たんですけど、無制限台っていう、プレイした後に交代しなくてもいい台があるんですけど、交代しないからと殴ったり危害加えたり、ゲーセンの下にパンをぶちまけたりとか、攻撃的な奴もいて、よくわかんないですよ。そういう奴らには売りたくないですね。

「世代」が存在し、スタイルを継承していくなど、秋葉原というストリートから生まれた独自の文化のはずなのに、日本古来の伝統様式が見え隠れするのは、とてもおもしろい。そのラブライバーというピラミッドの頂点に君臨しているのが、「最古参」と呼ばれる人たちだ。２０１０年8月13日から3日間、コミケで声優がファーストシングルを手売りしたときからCDを購入し応援し続けている人たちの総称で、顔やTwitterのハンドルネームなどはわからないが、ファイナルライブの際に集合写真が飾られていたことから、まだ活動している人も存在するのではないかと、トゥッティさんは推測する。そんな彼は、働いていた都内の店舗が閉店したため、地元に戻り、現在はハワイアンレストランの店でコックとして働く毎日だ。

東京行く前は、ちっちゃいグッズとかタペストリーとかを買ってるくらいだったんで、武装した姿に地元の友だちからは「何があった」と驚かれてます。だから、アニメ好きの友だちにしか言ってないし、同居してる弟や妹からは、冷たい目で見られてます。親も知ってますけど、職場の人に話し始めてるから、困ってますよ。

普段、『ラブライブ!』のカバンを使うことはないですね。そっち系じゃなくて、もともと高校のときは、服とかも結構買ってましたし。作品の舞台がアキバなんで、武装して歩けますけど、原宿や地元は無理ですね。完全にすごいオタクってわけでもないので、やっぱりちょっと恥ずかしいなって気持ちがあります。

この発言は驚きだった。オタク文化は、ウェブサービスの進展やスマートフォンの普及、コンテンツの多様化により、商業的に無視できないほど肥大化し、もはやサブカルチャーではなく主流文化として人々に消費されるようになった。そのため、かつて奇異な目で見られることの多かったオタクだが、現在はトゥッティさんのような普通の人でも、その見た目だけでは判断がつかなくなっている。

派生プロジェクト『ラブライブ!サンシャイン!!』が始まっても、推しメンを乗り換えてはいない。今は、西木野真姫の声優をしていた歌手Pile《パイル》の応援を続け、CDのリリースイベントにも頻繁に顔を出している。しかし、そこで武装をすることはないという。秋葉原で遊んだり遠方の人たちが来てくれたときにみんなで武装したりするというその振る舞いは、まるで近年メディアで注目されている北九州の成人式や東京のハロウィンの派手な仮装と似ている。普通の日常は、派手なこともせず毎日の暮らしを続け、非日常のときは、仮装を施す。それは古来より続くハレとケの文化に通じるものがあるが、メディアの発達によって、いつでも非日常を味わうことができるようになった今日において、「より特別な非日常＝ハレ」を求める集団心理がアキバで花開いたのが、武装という独特なスタイルなのかもしれない。

ぶそうらぶらいばー（とぅってぃ）／１９９６年生まれ／千葉県在住

14.

大竹徹祐

Michihiro Otake

記憶を包む極小絵画　大竹徹祐

ガムの包み紙に描かれた小さな絵画
明朝体のフォントも手書きで再現

初めて見たときは、本当に驚いた。ガムの包み紙にグー握りの色鉛筆で描かれた、小さな絵画。文字やイラストは、虫眼鏡がないと見えないほど細かい。特に文字は、明朝体のフォントが手書きで見事に再現されている。その完成度と、書かれている「ちあきなおみ」や「生稲晃子」といった懐かしい芸能人の名前との組み合わせが、笑いを誘う。「三つ子の魂百まで」ではないが、その文字は作者の記憶をもとに構成されており、幼少期に見た番組名やタレント名が多い。

宮城県仙台市から車を走らせること、約1時間。次第に広がる田園風景のなかには仮設住宅も見える。東日本大震災では7メートル以上の大津波が押し寄せ、いまだ震災の爪痕がうかがえるこの街で、この絵の作者、大竹徹祐《おおたけみちひろ》さんは暮らしている。

大竹さんは、1977年に岩手県滝沢村（現在の滝沢市）一本木で、次男として生まれた。保育園に通っていたときに、自衛官をしていた父の仕事の都合で宮城県仙台市へ転居した。「自閉症スペクトラム」という障害を抱える彼は、人とのコミュニケーションが苦手だ。会話こそ成立しないが、自分の要求は「～がなくなりました」といったかたちで、訴えることができる。ともに暮らしている家族は、ちょっとした仕草やその言葉遣いでわかることもあるようだ。

小さいころは、よく動き回る多動な子だった。数字や漢字に強い関心を示し、2歳のころから訪問客の腕時計や店先の電卓を眺めたりした。そのころには1000まで数を数えることができたそうだ。3歳のときには漢字で自分の名前を書くことができた。「私がよく彼をおんぶしながら趣味の川柳や詩を書いていたから、それを後ろから見て書くようになったのかも」と母親は推測する。

小学校にあがると、誰に教えられたわけでもなく、ワープロを打つことができるようになった。先生のワープロで勝手に文字を入力して、よく怒られたという。

僕たちが世界を認知する方法は、人それぞれ異なっている。同じ景色を見ていても、まったく受け取り方が違う。自閉症スペクトラムの人のなかには、耳から入ってくる情報よりも目で見る情報のほうが理解しやすい人たちがいて、大竹さんもその1人だ。彼は文字の意味ではなく形に興味を示し、「何一天皇（なにいってんの）」「黒間二四人（くろまによんじん）」など自分なり

手書きとは思えない明朝体の文字の上には、「タッチ」の一場面を再現した絵も見える

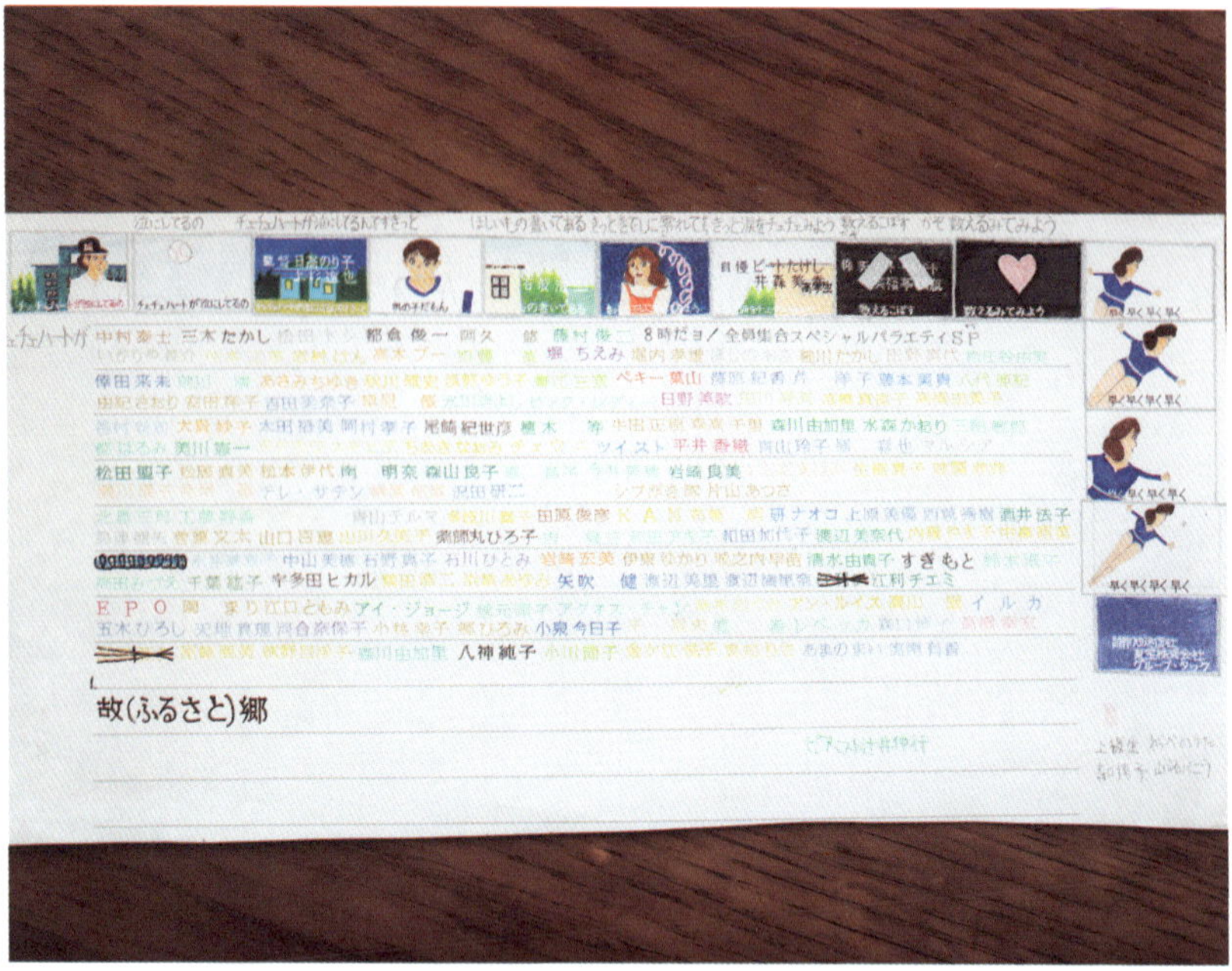

ガムの包み紙の裏に描かれた「笑点」の絵

女性の「脚」を強調した絵も多い

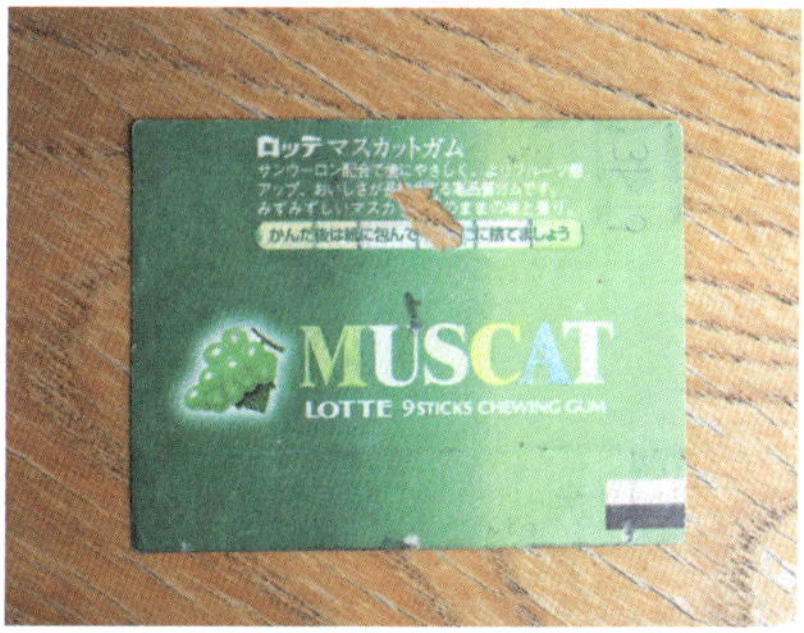

の漢字に言葉を変換して楽しんだ。

そんな彼が、ガムの包み紙のような小さな紙に描くようになったのは、校長先生の名刺がきっかけだ。「ある日、校長室で校長先生が名刺交換をしていたところを見ていたらしいんです。先生が部屋から出た隙に、名刺の裏に、表と同じように校長先生の名前を書いたら、褒められました」と母親は嬉しそうに語る。だが大竹さんの周りに、日常的に名刺のような小さな紙があるわけではない。そこで彼が見つけたのが、ガムの包み紙だった。父親がよくガムを嚙んでいて、余った紙をもらっていたという。ガムの包み紙を裏返したときに、自分の世界を見つけたのだろう。

テレビ番組の記憶を頼りに『笑点』や『タッチ』の一場面を描く

自閉症スペクトラムの人たちは、一般的に余暇時間を過ごすことが苦手だ。何をしてもいい自由な時間は、彼らにとっては何をしたらいいのかわからない時間で、指示がないとどう過ごしてよいかわからない人が多い。ただ、ガムの包み紙を手にしてからの大竹さんは違った。学校で遠足に行ったときも、食べ終わった弁当箱を机代わりにして、ガムの包み紙の裏に絵を描いたそうだ。

大竹さんの絵に欠かせないのが、テレビ番組の存在だ。視聴した記憶を頼りに、『笑点』（日本テレビ系列）やアニメ『タッチ』などの一場面を描いている。特に『タッチ』は、わざわざ深夜に起きて再放送を見ていたほど、入れ込んでいた（大竹さんは、1週間の番組表をすべて記憶しているという）。

そして彼が描くタレントは、みな同じ方向を向き、同じ表情をしている。本人の意図とは異なるだろうが、この絵が「テレビという、日々垂れ流される無機質なメディアへの痛烈な批判」のようにも感じられるのは、僕だけではないはずだ。

「こんなのもあります」と母親が出してくれたメガネの広告には、商品の写真に合わせて顔が描かれており、実際に誰かがメガネを掛けているように見える。ほかにも、脚だけを描いた絵もあった。母親に尋ねると、脚フェチとのこと。人間味が感じられて、僕はとても嬉しくなった。

大竹さんは毎日朝から晩まで机に向かって絵を描いている。特別支援学校の高等部を卒業後、1年ほど作業所で働いたが、施設の職員から「（迎えに行くので）朝6時に家の玄関で待っていてほしい」と言われ、早起きを負担に感じて通うのをやめてしまった。それ以来、どこにも行っていない。

今、日本の障害者によるアートの中心は、福祉施設を利用している障害のある人たちだ。人に見せるために描いているわけではないから、大竹さんのように自宅で密かに表現活動を続けている人たちは、第三者に発見されにくい現状がある。そして彼の場合、家族が作品を保管しているため、出品依頼があって貸し出しても戻ってこなかったり、人にあげてしまったりした作品も多いそうだ。段ボール7箱以上あった大竹さんの作品は、残念なことに現在は3箱分しかない。

だが、そんなことはどこ吹く風で、大竹さんは今日も制作を続けている。彼の部屋の窓からは、とてものどかな景色が広がっており、外をしばらく眺めていると、このゆったりと流れる時間が羨ましくも感じられた。ひととおり両親からお話を伺った後で、大竹さんに挨拶をして帰ろうとすると、先ほど僕が渡した名刺の裏に、なにやら細かい字で、「CDカセットほしいものがある　赤い鳥　MHCL127」と書いてあった。僕は家に帰った後、すぐにそのCDを探して彼に送った。後日、お母さんからお礼の電話がかかってくると、電話口の奥から軽快に階段を駆け上がっていく音が、漏れ聞こえてきた。

おおたけ・みちひろ／1977年生まれ／宮城県在住

15.

藤本正人

Masato Fujimoto

草むらの親善大使

藤本正人

河川敷の草を刈りこみ
ミッキーマウスやジバニャンに

僕の住んでいる広島県福山市には、市民団体がデザインした「芦田川水辺公園ちゃぷちゃぷらんど」がある。約1億円を投じて整備され、2003年に完成した。それから10年以上経った現在、中洲には大量の葦が生い茂り、公共事業の成れの果てを見るような無残な様相を呈している。そんな河川敷には、周辺が整備され、土手の斜面にミッキーマウスやジバニャンなどさまざまなキャラクターが草で刈りこまれた不思議な場所がある。

興味深く写真を撮っていると、河川敷に駐車してある車の中から、日焼けした男性が近づいてきた。彼こそが、こうした「雑草アート」の作者、藤本正人《ふじもとまさと》さんだ。この場所で路上生活を送っている藤本さんは、昭和27年に長崎県北松浦郡で5人きょうだいの3男として生まれた。炭鉱などで働いていた父親の仕事の都合で、3歳ごろ広島県に引っ越したため、長崎の記憶はほとんどないようだ。意外なことに、小さいころは、手先が無器用だったという。

体は小さくやせ細ってどんくさかったしね。小学校のときは、女の子より、こまかった。運動も勉強もできんかったけど、絵を描くことは好きで、「こういう車があったらいいな」と空想していろいろ未来の車を描いとった。

藤本さんは、今でいう「学習障害（LD）」のような症状で、とにかく読み書きが苦手だった。家が貧乏だったこともあり、読み書きができず学校で馬鹿にされることが多く、小学校4年生ごろからイジメを受け不登校になった。そのため、卒業だけはしたものの、中学校へはほとんど行っていない。中学卒業後は、「読み書きはダメじゃけど、作業するのは苦手じゃなかったから」と自動車の小さな塗装会社に就職し、住み込みで働いた。やがて、そこの職人が独立したため、藤本さんも一緒に転職。以後は県内で自動車の下請け会社を転々とし20年ほど働いた。30歳くらいまで定職に就いていたが、やがて路上生活を送るようになり50歳を過ぎてから、この河川敷にやってきた。

その1年くらい前から県内でホームレスをしょうた。車中泊しょうたけど、近所の人が通報して、出ざるを得なくなった。お巡りさんから「追い出すんじゃないけど、ここらは田舎

じゃけぇ」と言われ、夜じゃったけぇ、「明日移動します」と告げ、車が停められるところを探して、ここに来た。そのうち車検も切れて、移動できんようになった。

藤本さんによると、運転免許は18歳のときに、自動車教習所へ通ってなんとか取得したものらしい。そして仕事を転々とした理由については、持病も原因のようだ。耳が悪くて目まいや気分が悪くなることがあったそうだから、メニエール病なのかもしれない。そして、読み書きができないことが仕事にも大きく影響を与えた。

どこへ就職しても読み書きせにゃあいけんようになるんですよ。個人の会社だと、親方が出とるときには、作業だけしとるわけにはいかない。電話の応対でも、誰もおらんかったら、僕が出にゃあいけん。そうすると、要件を聞いて、ちょっとメモせにゃあいけんときにできないんですよ。そういうこともあって、仕事を転々とした。

藤本さんは、なぜ路上生活に至ったかをもちろん語ってはくれない。望んで路上生活になる人はいないし、誰もが聞かれたくないいちばん根っこの部分を、あえて僕も掘り下げようとは思わない。ただ、概略としては、父親は藤本さんが20代のときに他界し、母親は85歳でこの世を去った。母が亡くなるまで、家を出て独立した兄弟の代わりに、藤本さんが母の面倒を見ていたようだ。そして、あるとき収入がなくなり、貯金も底をついた。独り身で借金もないが、「他人に迷惑かけたくないから」と家をあとにした。

草を刈るきっかけは
花を整備している人たちとの出会い

そんな藤本さんは、この河川敷に来て1ヶ月もしないうちに、伸び放題だった敷地の草を刈り始めた。専用の道具もなかったため、100円ショップで以前購入したキッチンバサミを使って刈っていたというから驚きだ。

ここにおるんじゃったら、何もせんよりか少しでも貢献できれば思うて、草刈りをしょうる。今の世の中は「裕福だ」というけど、国の借金のおかげで成り立っとんじゃけえ。国の借金じゃいうても、国民の借金なんよ。僕は税金払えないから、税金使って整備しょうたところをきれいにね。

藤本さんがやって来たときは、駐車場もどこにロープがあるのかわからないほど背が高く草が生い茂る状態だった。業者も夏と冬の年2度しか草を刈りに来ないため、荒れ放題だったようだ。誰に頼まれたわけでもなく、何年もかかって頻繁に草を刈り、土をならしたり埋めたりして整備。利用する人がよく使う場所から徐々にその範囲を広げていった。遊歩道と川の間に咲く沢山の彼岸花は、方々に咲いていた花を並べて植えたものだ。きれいに草が刈り取られ整備された広大なスペースは、とても1人の人間の手わざとは思えない。そして、斜面にミッキーマウスなどを造作し始めたのは3年ほど前からだ。きっかけは、花を整備している人たちとの出会いだった。

僕が来る少し前から、道路沿いにパンジーなどを100メートルくらい植えとるグループがあって、僕も花を植えたり草を刈ったりと手伝いをするようになった。花をしょうる人たちが、「斜面の草は全然手入れができん」って言うから、「草を活かしたらできるよ」と提案して、口だけじゃいけんけぇ、実際に刈り始めた。

最初につくったのは、「蝶」の形で、図鑑を見ながら2日で制作。しかし、業者が土手の草を刈りに来たときに一緒に刈り取ってしまった。完成度の高い作品に、業者も手を止め、どこかに電話で確認してから刈ったようだ。そんな結末にも「またつくりゃええ」と藤本さんは動じない。刈り取られた草が伸びてきたときに、制作したのが写真のポケットアルバムの挿絵を見ながらつくった「ミッキーマウス」の顔だ。

刃先が丸くなった刈り込みバサミは、使いすぎて何本もダメにした

ミッキーのときは、草が長いままじゃ難しいから、ある程度長さを均一に揃えてね。タコ糸で中心を出しといて、丸い形は、その中心に刺した棒から紐で引っ張って、それにハサミを繋いでコンパスみたいにして刈っていく。だけど、それじゃいけんかった。傾斜だから、下から見たら縦が短く楕円になっとったけぇ、草が伸びるのを待って修正していった。

藤本さんは下から確認し何度も修正を重ねながら、4日間かけて制作。「また刈られてもいい」とミッキーマウスにもまったく執着はなかったが、河川敷の利用者から「残してほしい」と言う声があがった。「1個でもえかったけど、ミッキーを残すことになったから、それなら数があったほうが迫力あるんじゃなかろうか思うて」と、その後も新作の制作を続けた。約100メートル続く花壇に沿うように、「マリーちゃん」「ジバニャン」「シンデレラ」「ピノキオ」など子ども向けのキャラクターを次々に制作。いちばん端は、若い子からのリクエストを受けて「ドナルドダック」にした。参考にしたのは100円ショップで購入した幼児用の塗り絵やカレンダーだ。そして、花壇とは反対方向にある斜面には、市章のマークも見える。「業者が土手の草を刈るときに途中で手を止めんでええように」と一連の斜面をすべて繋げるように制作したんだそう。1つつくるのに約1週間。全てをつくり終えたときは、3ヶ月が経過していた。でも、草はどんどん伸びていくから大変だ。あくまで駐車場の整備が主なので、合間を見ては草を刈り続けた。冬の間に形を制作し、春になってから修正していく。利用客の多い5月の大型連休にすべて揃うように調整を重ねた。

車の中で寝泊まりをしている藤本さんは、車の中を片付けて車内でカセットコンロを使って調理を行う。車のエアコンは燃料も使うし、お金もかかるから冷暖房は使っていない。入りきらない道具は、目立たないように近くの茂みに忍ばせている。ツタが絡まってできたその円形の茂みは、ベンチや物置代わりになっていて、まるで秘密基地のようだ。

仕事に就けても その仕事は誰かができる
でもこれは誰もしてくれん

そんな生活に、手を差し伸べる人もいる。1人は実のお姉さんで、公衆電話で待ち合わせ場所を決めて、月に1度お金を支援してもらっている。もう1人は、5年ほど前に知り合った一回り年上の男性だ。散歩に来たときに声をかけられて以来、車のガソリンや水を持ってきてくれたり、草刈りの機械を買ってくれたりしている。

草刈りの道具は、今まで何台も使えんようになって、その度に「買いに行こうやぁ」と一緒に買いに行っとる。いちばん高いやつは1万円くらいして、自分じゃとても買えん。1年

2015/04/22

藤本さんを支援する男性が撮影した記録写真。ゴールデンウィークには、こうした「雑草アート」が一堂に揃う。
それにしても、あと数秒待てば車が通り過ぎたのに……笑

半から2年くらいで、すぐダメになる。キッチンバサミは、すぐダメになったから、買ってもらった長い刈り込みバサミでするようになった。

そう言って見せてくれたハサミは、どれも刃先が短く丸くなっていた。藤本さんが必死で刈り取る姿が目に浮かんで、なんだか胸が熱くなった。そして、車の中から取り出したのは、その男性が撮ってくれたという写真だ。これまでの藤本さんの「雑草アート」が克明に記録された貴重な資料となっている。秋には紅葉する草もあって、季節ごとに変化する景色がとても美しい。近くに停めてあった自転車も譲ってもらったそうだ。ただ、頼まれたわけでもないのに勝手にやっている藤本さんは、行政とのトラブルも多い。

土手は国土交通省の管轄だったから、作業中に関係者が「土手が傷むからやめるように、ここからも出て行ってくれ」と何度もやってきた。あんまりガンガン言うけぇ、「ほいじゃあ、広島の土砂災害で何人も死んどるんは誰が許可したんなぁ。これで、どう災害が起きるんか」と詰め寄った。ほんまは業者が刈ってくりゃあええけど、誰もせんけぇ。ここを荒らしたら、二度とできんから喧嘩しながらでも、僕がしょうるんじゃ。

藤本さんによると、河川敷に落ちているゴミは、1人の老人がボランティアで拾い続けているそうだ。行政の手が届かないところを、実に多くのマンパワーによって、この場所は整備されている。それは、この地に定住する藤本さんだからこそ、気づくことができる視点だ。もちろん、この河川敷に限ったことではなく、僕らが気づかないけれど、いつもの日常は、こうしたマンパワーによって支えられているのだ。

そんな藤本さんの行為に対して、感謝を述べる人は多いという。取材中も、何人か「雑草アート」の写真を撮りに来ていた。藤本さんは、連休時には「追いつかんから毎日刈りょうる、草は待ってくれんけん」と1週間に1度は整備を続けている。刈った草はすべて水際に持っていき、1円も税金を使ってはいない。そして、僕がいちばん驚いたのは、生活保護の申し出も藤本さんは断っていたということだ。理由は、もちろん「この作業ができなくなるから」と。

「仮に生活ができて仕事に就けても、その仕事は誰かができる。でも、これは誰もしてくれん。僕も本当はここにおりたくない。だけど、お金もないし、住むところもないからしょうがない。ここにおるんじゃったら、自分の人生の中で何か自分のできることで貢献したいなと思うてね」

台風で水かさが増したときは、なんとか車ごと土手まで避難させたというから、日々の生活が命がけだ。そんな中でも、進んで寄進しようとする精神に、僕は感服してしまう。頭では思考を巡らせることができても、実行できる人は数少ない。しかも、自らの生活が危機的状況に陥ったとき、誰かのために奉仕できるかと問われたら、誰もが口ごもってしまうだろう。

　僕の人生は、やっぱり終わりがえかったらええなぁと思う。もし親が生きとっても、こういうことをしょうるから「お前なんしょんか」と怒らんとは思うよ。人の喜びも自分の喜びになる。自分のことは、ほっとってもええ思うくらいにね。相手のことを考えるようになるけぇね。

藤本さんは、社会的地位や名誉はないけれど、自分の人生に覚悟と誇りを持って生きている。僕らは、彼のような別の評価軸で生きている人たちには、とても太刀打ちできない。ただ、人生の最後に逆転満塁本塁打を放つために、その生き様から学ぶことは多いはずだ。

ふじもと・まさと／1952年生まれ／広島県在住

16.
小林一緒
Itsuo Koboyashi

あの味を忘れない　小林一緒

食べた料理をイラストと感想で記録
弁当やラーメンに「旨イッ!!」

２０１４年12月、埼玉県さいたま市の埼玉会館へ『「うふっ。どうしちゃったの、これ!?」「えへっ。こうしちゃったよ、これ!!」無条件な幸福』という展覧会を見に行った。これは埼玉県障害者アートフェスティバルの一つとして企画された展覧会で、５回目を迎える。障害のある人たちの作品群が並ぶ会場を歩いていると、隅の方に展示されていた奇妙なイラストに目が留まった。『俺の日記』と題されたその作品は、ルーズリーフやノートに弁当やラーメンなど実に美味しそうな料理のイラストが描かれている。料理の名前や値段、そして食材とともに、画面の余白に書き添えられた「旨イッ!!」という感想。これは、実際に食べた料理をイラストと感想で記録した絵画だった。展覧会場で身震いがして、僕はその作者を追いかけた。

２００５年、つくばエクスプレスの開通に伴い開業した三郷中央駅。埼玉県三郷市の中央部に位置し、駅周辺にはショッピングセンターや新興住宅地が立ち並び、現在も開発が進んでいる。そんな駅の最寄りにある閑静な住宅街の一角で、小林一緒《こばやしいつお》さんは高齢の母親と暮らしている。

わざわざ来ていただいてすみません。ジジイが勝手にメモ帳に描いてるだけなのに。

声が聞こえる方に向かうと、キッチンも兼ねた部屋の隅に小林さんは座っていた。小さな座卓の上にはボールペンや色鉛筆、マジック、コンパスなどの画材に加え、食べ終わった貝殻やカニの脚から割り箸、そしてお弁当に付いていた香辛料や調味料に至るまでさまざまな物があふれかえっている。周囲にはビニール袋に入ったカップラーメンの容器の山が小林さんを取り囲み、すべて手の届く位置に置かれているようだ。

机はもうごっちゃ。空き箱は全部食べたやつ。食べたものを絵にするからいろいろ置いてる感じですけど、面倒くさくて捨ててないのもあります。食べてないのはカップラーメンですね。おふくろが買ってきてるんですよ。「ここに置いといたらいいな」が、こんなぐちゃぐちゃになっちゃって。最初はただの広いテーブルだったんですけどね（笑）。

取材当時53歳の小林一緒さんは、東京の江東区森下に生まれた。

水元公園近くの葛飾区で生活してて、こっちへ家建てるんで小学校2年生の途中で引っ越して、それからは三郷中央ですね。親父はプロパンガス屋で、ボンベ乗っけて配達してた時代でね。その頃、親父が一生懸命やってました。兄貴はもう結婚して杉戸の方にね。娘もでっかいです。私は独身で、1人静かにやってたんです。

絵を描くのは小学校の頃から好きで、中学そして高校1年の初めまでは美術部でした。高校は埼玉の県立吉川高校です。美術部を辞めて、近所の喫茶店でウェイターのアルバイトやってるときに、食べるのが好きだったから「こういう飲食の仕事いいなぁ」と思うようになって、池袋の後藤学園っていう調理師専門学校に1年行って、そのまま調理師として市内のお蕎麦屋さんに就職したんです。

20歳から38歳まで18年働きました。「出前持ちから頑張って、いつか自分の店持ちたいな」なんて夢ばっかり見てたけど、途中で気力がなくなっちゃったんですよ。蕎麦屋さんも途中で店閉めちゃって、「もう一度開店しよう」って言われたんだけど「俺はもういいや」ってやめちゃいました。結局、挫折しちゃったんですね。その後、近所の老人ホームの栄養課に2年、三郷順心総合病院（現在の三郷中央総合病院）で5年。病院では150食とかつくってて、どっちも小学校の給食センターみたいな職場でしたね。まぁ、俗にいう人間関係のトラブル

19歳のころに食べたものを思い出して、絵と文で記したファイル。食事への愛が伝わってくる

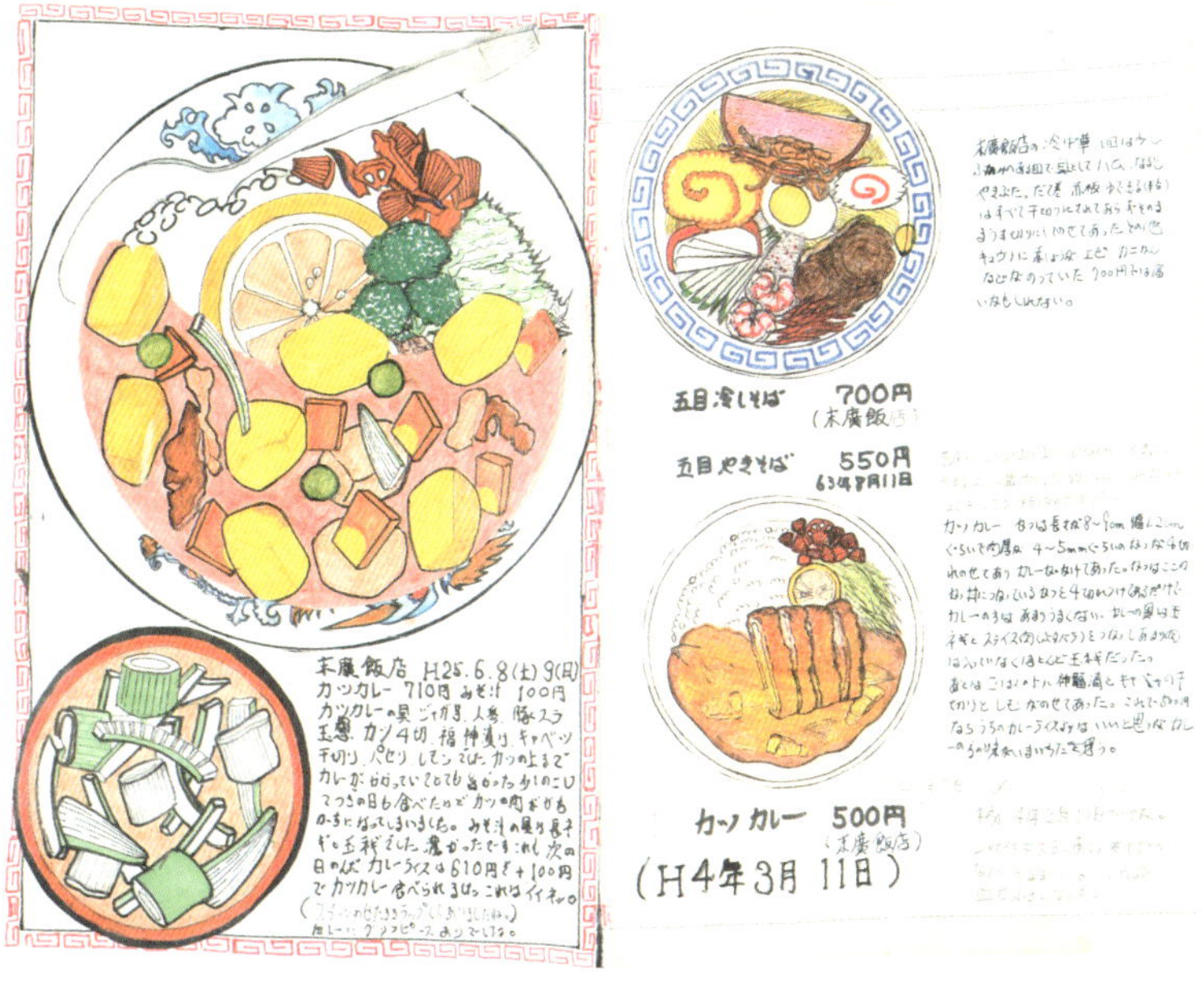

でやめちゃいましたけど。

メモ書きを頼りに記憶を呼び起こして描きためた枚数1000枚

本人もはっきりとは覚えていないが、食事の絵を描き始めたのは18歳、19歳のころだという。当初は、家に帰ってから食べた物を思い出してメモに描く程度だった。「ただの日記帳代わり」と彼は言うが、なんという記憶力だろう。僕なんて昨日の夕食も思い出せないのに。そして机の下から出てきたのは、無造作に輪ゴムで束ねられた膨大な紙の束だった。

輪ゴム取ってバラバラにして構わないっすよ。これが全部メモです。時代も何も全部バラバラで、ここにもない昔のは、もう捨てちゃったけどね。このメモは家に帰ってから記憶だけで描いてて、これを見ながら落書き帳に清書するんです。忘れたものはしかたないけど、余計なものは書かない。色なんかは、適当に自分でこんなもんかなと。ただ赤を白にしたり、黒を黄色にしたりはしませんよ。そんなことはしない。大体絵に描いたら、こんな感じだったなあって描いてますよ。

そんな小林さんが現在のようなスタイルになったのは昭和63年。ちょうど26歳のころだ。

20代前半は、どこ食いに行っても、「あぁ美味しかった、さようなら」って、何食べてもそうだったんですよ。だんだん食べてるうちに、「絵を描いて残しとこうかな」って思って、ちっちゃい絵から描き始めて、そのまんまずっと今も描いてます。テレビ見てて、人の食べてるものを「美味しそうだな」って思うけど、絵を描くのはやんないです。あくまで自分で食べたものだけ。まぁ、「何年何月から描き始めてずっとやってます」じゃなくて、ちょこんちょこんやってるって感じで、まったく描かなかった日も今までにありますよ。

メモを頼りに当時の記憶を呼び起こして描かれた絵画は、皿の模様に至るまで忠実に再現されており、その緻密さに驚かされてしまう。18歳ころから、これまで描きためた枚数は1000枚以上にものぼり、処分したものはないという。当時のメニューがなくなったり、お店が閉店したものも沢山あり小林さんの絵は、ある意味で当時の食文化を伝える貴重な資料とも言える。中には、弁当に付いていた香辛料など「現物」がそのまま貼り付けられた絵や、食材の名前や値段が「?」になった絵も。

それ、期限切れてるから食べらんないですよ（笑）。このワサビとかは、家にあるのをかけたりして、食べなかったんですね。あと、値段がわかんなかったら「？円」とかにしちゃいますよ。食材がわかんないこともあります。特に、ほうれん草や葉っぱ物はわかんないときありますね。山菜とかも何が入ってるのかわからない。「山菜」って書いてあるだけでねぇ。「ゼンマイ」とか書いてあれば書きますけど。

それにしても、なぜ「絵画」なのだろうか。外出先でもどこでも食べたものを、iPhone片手に写真に撮って済ませてしまう僕からすると不思議でしかたがなかった。

当時は携帯なかったですし、食事の写真撮るのは恥ずかしかったですね。以前は、「写ルンです」を買って写真で済ませてた時代もありました。しばらくは写真に撮って溜めてたんですけど、やっぱり現像するのにお金かかっちゃうでしょ。デジタルカメラも操作わかんなくて、いまだに携帯も持ってないぐらいなんで、遅れ過ぎてるっていうか、それでも生活できちゃってますけどね。友だちもいないし暇だったから、ちょこちょこっとメモするとか「美味しかった」って店の名前とか書いていたんです。

あと、例えば「わかめうどん」とか、中に椎茸が入ってるやつがあるんですよ。ほら、写真で撮ると椎茸が隠れて見えないでしょ。自分は絵を描くときに、椎茸を移動しちゃえばい

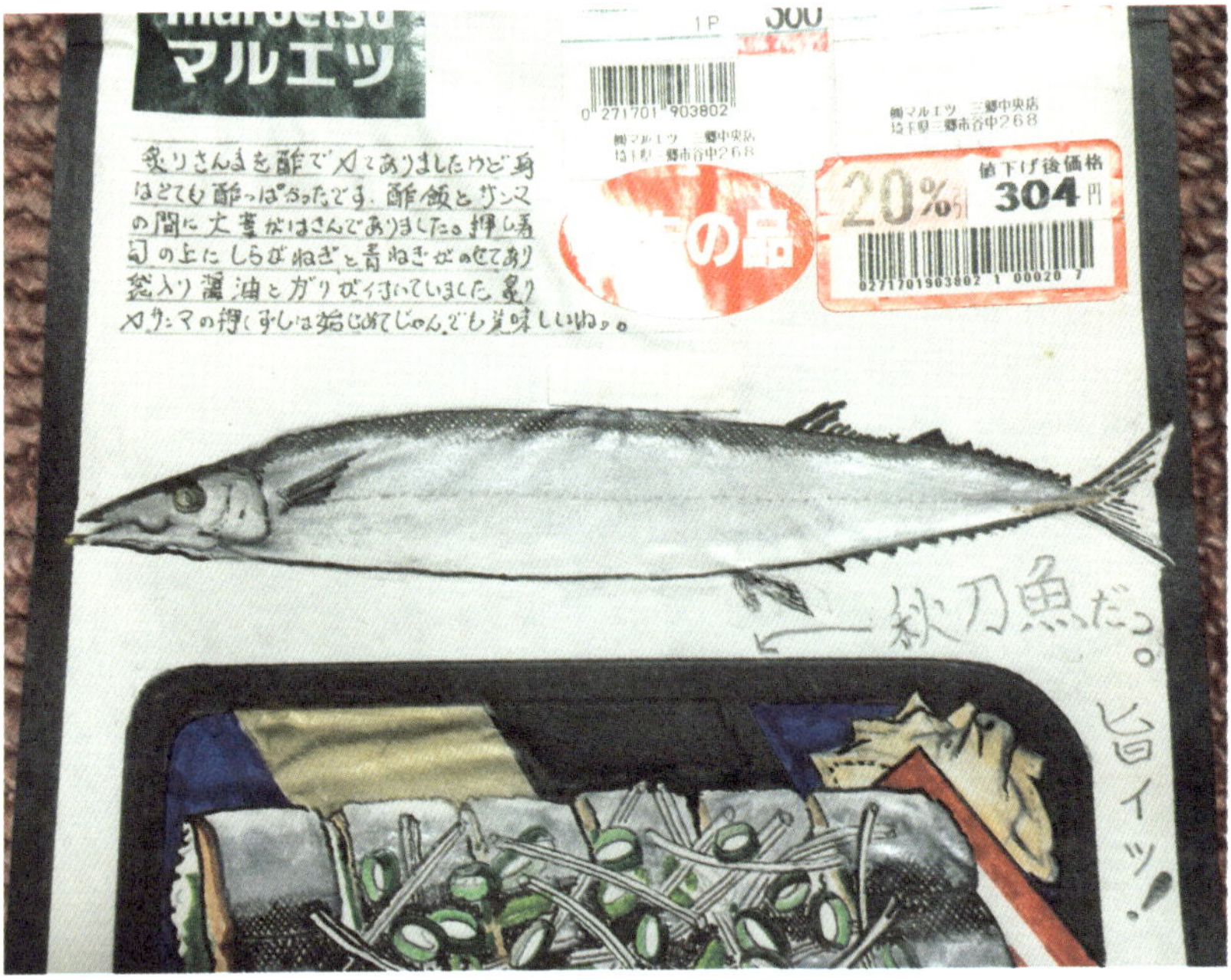

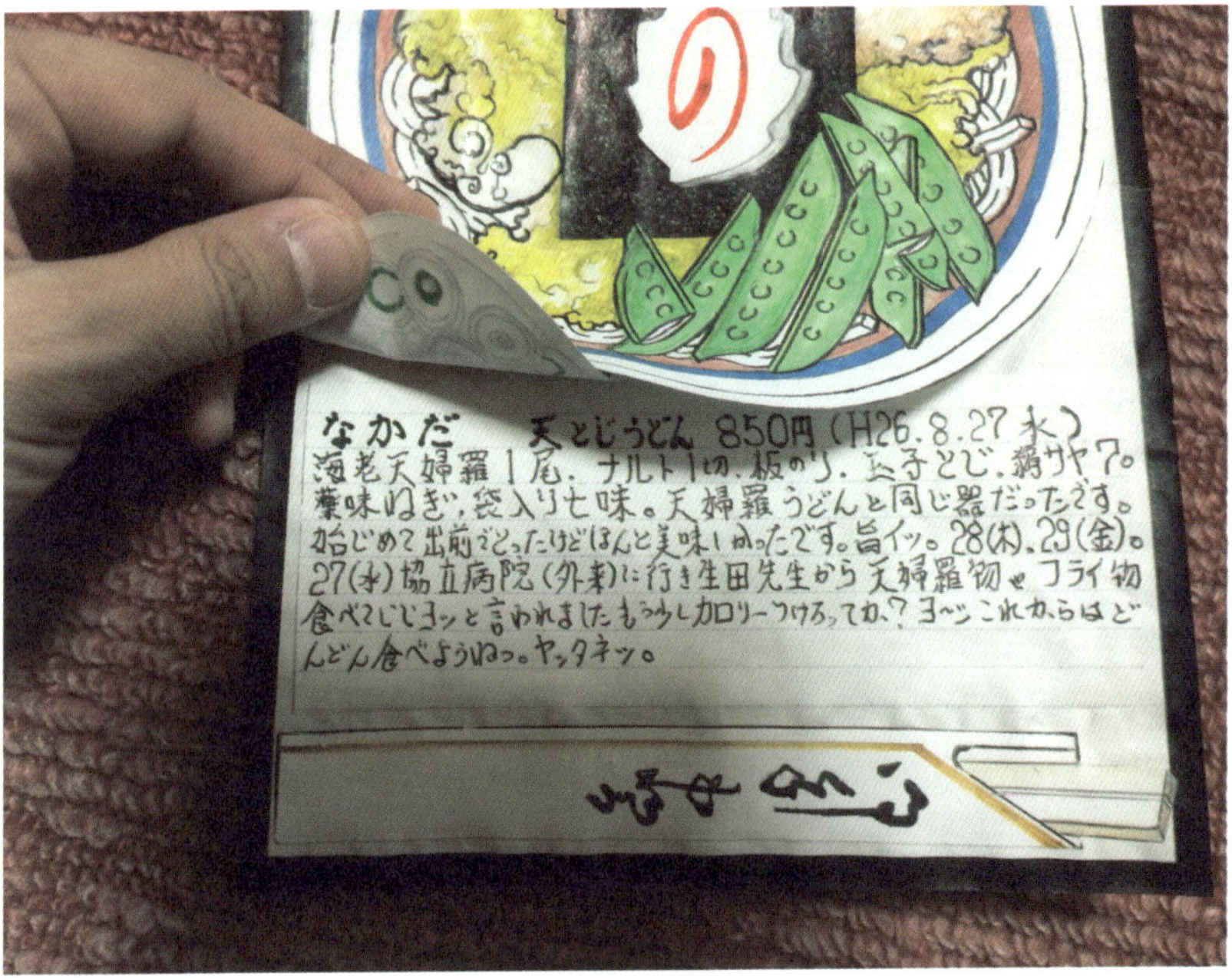

1枚の紙に収めるため、めくれるような仕掛けを施した絵画も多い

いんですよ。そうすれば全部の食材が見えるからね。

そういう理由で、小林さんの絵はすべて真上から見た構図で描かれていた。それは、単なるデザインではなく、「すべての食材を描く」ために編み出した技法だったのだ。そして和食や中華など多彩なジャンルの食事の絵は、きちんと値段まで記されている。

おふくろが料理あんまりつくれないし、お蕎麦屋さんの出前持ちしてた20歳の頃から3食付きだったんで、結局おふくろの飯はそのころから食べてなくて、自分で料理もしないですね。だから、ここにあるのは、自分で食べに行ってたころのものです。値段まで書いてるのは自分の趣味ですよ。そうそう、知り合いがいる山梨には、家族でもよく食べに行ってましたね、高校3年生のときからマイカー持ってましたから。酒や煙草なんかも、早くから「男の子の通る道」を通ってきてますからね。それは捕まっちゃうんであんまり言わないようにしてください、元気なころの時代ですから。「時効です」って勝手に決めたりして（笑）。煙草は今でも吸ってます。

お母さんの案内で2階の寝室も見せていただいた。戸棚の中には、若いころに浅草で購入した食品サンプルやプラモデルが埃をかぶっている。そして、ベッド脇の大きな段ボールには、ハガキサイズの沢山のファイルの束が投げ込まれていた。

あの段ボールに入っていたのは、病院に勤めてたころのまかない飯を描いたものです。早番・日勤・遅番と勤務によって違うんですが、お昼は絶対食べてましたから。ハガキサイズのメモ帳がちょうどあったんで、毎晩家に帰ってから、自分が食べた昼ご飯をメモして、それを暇なときに清書してました。当時は、友だちと一緒に飲みに行ったり1人でスナックを飲み歩いたりしてましたね。スナックは近くにもあるし、電車やバスで松戸・金町・綾瀬まで行ったりね。親父も酒が強かったから一緒に飲みに行ったら「いいねぇ、親子で」なんてよく言われましたよ。酒好きだから、こんな体になってしまったんですけど。ちょっと度が過ぎたっていうか。

アルコール性神経炎で歩行障害に買ってきてもらう食べ物を描き続ける

小林さんの絵には、生ビールや焼酎などのアルコール類もよく登場する。やはりお酒は相当好きなようで、病院で働いていたころ、飲みすぎて膵臓を壊し何回か入院したこともあったそうだ。これまで日々の食事を楽しみながら、調理師として順調な人生を歩んでいた小林さんだが、そのお酒が原因で46歳のとき、転機が訪れる。

病院の食堂を辞めて1ヶ月後に車を運転してたら、目がショボショボして、おかしくなったりフラフラしたり。病院行ってってなんだかんだ言ってるうちに、車椅子になっちゃったんですよ。今度はもっと危なくなって、おふくろと兄貴も来てくれたんですけど、1ヶ月の間で「もう危ない」って先生に言われたとか。そのうち、ろれつも回らなくなってきて「お前、何言ってるか全然わかんなかったぞ」って後から兄貴に言われました。

そのときは本当に記憶がなくなったみたいになって、浦島太郎状態だったんです。アルコール性神経炎っていう、アルコールの取りすぎによる神経の炎症だと言われたけど。ここまでひどくするぐらいですから相当飲んでましたね。結婚もしてなかったからよかったっていうか、好きなことばっかりやってたんで。だから、病気になって7年ぐらい働いてないんです。親父も10年くらい前に亡くなって、今は81歳のおふくろに世話になってる状態です。

生死の境をさまよいながら奇跡的に一命を取り留めた小林さんだったが、歩行障害が残ってしまう。

病気をしてから足が2本ともね。脳梗塞みたいなもんです。しばらく病院でお世話になっ

出先でのメモをもとに、絵を描いていく

食べ終わった容器やカニの甲羅など、すべてが絵の材料となる

て退院して、ずっとこの状態です。最初は車椅子でトイレ行ってて、それから歩行器になって、やっと杖になったのが今の状態なんです。杖をついてどうにか外には出られます。ただ距離は歩けない。だから、生活は本当に不便ですよ。こんな体にしたのは自分ですから自分で後悔してるんですけど。しかも、入院してるときに血糖値が高いことがわかって糖尿病にもなったんです。結局足が動かないから、糖尿病もひどくなるんですよね。

今は月に1度水曜日に通院して、お薬もらってインスリンも打ってます。先生からは「死ぬまでお付き合いする病気だ」って言われますが、正直に言うと今もお酒を断ててなくって、トイレの中とかで飲んじゃってます（笑）。

話を伺っている中で、ずっと小林さんはその場を離れようとしなかったが、「動かなかった」のではなく「動けなかった」のだ。

出かけられないんで、朝から寝るまでここにいます。疲れたら寝ればいいし、お尻が痛かったら姿勢を変えればいいしで。間に、ご飯食べたりテレビ見たりしてるだけで、たまに外に出るってこともなくって、ここに座ったっきりです。2階の寝室へは、前はお尻で登ってたんですけど、今はやっと階段の1段1段なら手で登れるようになったんです。8ヶ月くらいは入院してて、退院後もベッドと車椅子借りて、しばらくは寝てる状態だったんです。べッドを返してからやることなくてね。病院でのリハビリは、3ヶ月くらいでやめちゃいました。本当は続けなきゃいけないんですけどね（笑）。だから家で寝てるかテレビ見てるかになっちゃって、1日何しようかってね。

絶望的な状況に置かれながら、再び小林さんはペンを握り始めた。外出が難しいため、食事のバリエーションこそ少ないものの、現在は出前や母親に買ってきてもらったコンビニ弁当のイラストを中心に絵を描いている。

今は外に食べに行くのはできないんで。朝は食べないんですけど、昼と夜は出前とったり、おふくろには悪いけど「今日は麺類買ってきて、今日はお弁当買ってきて」ってリクエストしたりしてます。まぁ、「違うの買ってきて」って言っても、人が食ってるのわかんないから、同じ物になっちゃうことはありますけどね（笑）。だから、それをメモって描いてます。今になって初めて、手元で食材を見ながらメモを描くようになりましたね（笑）。

以前は訪問リハビリの人も来てたんですけど、お風呂もなんとか自分で入れるようになったから、もう辞めちゃったんですよ。今は訪問介護員（ヘルパー）さんが毎週火曜日に来てくれるだけ。その時に、画材をどうにか一緒に買いに行ってます。さすがに1人じゃ行けないんでね。油絵の具とかだったら無理ですけど、鉛筆とかマジックとかボールペンは、道路を渡ったホームセンターに売ってるんですよ。だから、訪問介護員さんとは買い物に行くか、散歩に行くか、お風呂に入れてもらうかですね。それでちょうど1時間くらい経っちゃうんで、ご飯食べに行ったりとかはないです。

そりゃ、食べたいものはいっぱいありますねえ。今だって近所に、吉野家とかすき家とかあるけど「そこの牛すき鍋630円を食べに行って描きたいな」ってのはありますけど。車いす、歩行器を経てやっと杖になったのに、その杖を外すまでがいかないんですよ。杖のままだと危なくてね。車椅子に戻りはしないとは思うんですけど、また痛み始めると怖いですからね。

大好きな食事を自由に食べられない支えているのは、絵を描くということ

小林さんが自分の周りに置いてある絵を見せてくれた。A4サイズの紙に描かれた作品は、すべて体が悪くなってから描いたものだという。よく見ると、添えられた感想は「美味しかった」「旨い」というポジティブなものばかり。

あんまり読まないでよ。小学校低学年の漢字、間違えてますから（笑）。昔から美味しく

作品のなかには、現物を貼り付けたものもある

器などは、サイズに応じて型紙を作成しているが、じっくり観察してから食べるので、
食事が冷めてしまうことも多い

ないものでも「美味しかった」って書いてます。誰に見せるわけでもないけど、後から見たときに「あぁ、美味しかったんだな」って思えば忘れないじゃないですか。「まぁ、美味しかったんだからいいや」ってね。ただ「固い」「柔らかい」とか「火が通ってねえ」みたいなのは書きますけど。

まぁ、自分の好きなものしか食べてないから、病院の先生には怒られちゃってます。麺類が好きなんですけど、和食レストランの「とんでん」とか、ファミリーレストランに行くといろんなもん食べたくはなりますけどね。嫌いなのは、納豆やとろろですね。無理して食べて、やっぱり「美味しかったです」って書きます。とろろや納豆もちゃんと描いてますもん。まぜまぜ丼に、少し納豆入ってるんですけど、それぐらいは食べられるから。

でもねぇ、今までラーメンだったら「醤油ラーメン」しか食べなかったんです。こういう体になって初めて「いろいろ食べてみよう」と思って、「塩ラーメン」「味噌ラーメン」とかこれまで避けてたのも食べるようになりましたよ。まぁ、その方が絵のバリエーションも広がりますしね。

この7年は、家で過ごす時間のほとんどを制作に費やしている。絵のために、さまざまな種類の食べ物を意識して食べるなど、今の小林さんの中心にあるのは、まさに絵を描くという行為だ。中には未完成のまま色付けされていない絵もあり、「次々と食べてるし、描きたいものが出てきちゃうんです」とのこと。そして、作品も少しずつ進化しているようだ。

「これは最近描いている、箸で持ったり手で持ったりするシリーズですね。手は適当に想像して描いてます。だから、絵は同じかもしれないですけど、工夫してますよ。訪問介護員さんがお土産に買ってきてくれた駅弁なども描いてて、蓋が開くのもあります。この間、埼玉会館に展示していただいてるのを見に行ったんですけど、上蓋の絵を蓋したまま額に入れられてたんで、めくることができずに中のシュウマイの絵が見れませんでしたよ。

あとは、カレンダーの後ろとかを取っといて、すぐに描けるようにお皿だけの型紙とかをつくっておくんです。容器の柄まで描き出したのは最近ですね。返す前に、メモを描いとくんですよ。

食事が好きで、調理師として働いてきた小林さんにとって、大好きな食事を自由に食べることができないという現実は想像しがたいものがある。自宅でベッドから起き上がったとき、当初食べ物の写真を撮っていた小林さんだったが、あるときから再びペンを握り始めたという。

今の小林さんを支えているのは、絵を描くということだ。携帯やデジタルカメラを持っていない、そもそも機械音痴だったことに加えて、これまで描きためてきた膨大な量のドローイングが彼の制作を後押ししたのかもしれない。

描き続けることで小林さんは冷静さを保っているようにも思えた。食べたものは今日も小林さんの中でじっくり噛み砕かれ、絵画として消化されてゆく。「彼に食べられる食事は幸せだろうな」――そんなことを想いながら、僕は埼玉をあとにした。

こばやし・いつお／１９６２年生まれ／埼玉県在住

17.
大沢武史
Takeshi Osawa

進化を続ける愛の砦

大沢武史

「愛は流星キラキラ光り輝く未来」
ド派手なカラオケ喫茶「パブレスト百万ドル」

ドリンクを注文すると、おにぎりやサンドイッチにバナナなど、これでもかというほどの食べ物が次々に出てくる。「計算したら採算取れんことがわかったからよ、もう計算せんようにしたで」。そう話すのは、テンガロンハットを被ったダンディーな店のマスター・大沢武史さんだ。

ここは、愛知県犬山市にある「パブレスト百万ドル」。「愛は流星キラキラ光り輝く未来」といったきらびやかな言葉や、サイケなイラストで埋め尽くされたド派手な外観が特徴的な、カラオケ喫茶だ。

マスターの大沢さんは、1941年に4人きょうだいの次男として犬山で生まれた。子どものころから絵を描くことが好きで、中学校の写生大会で先生に褒められたことがきっかけで美術系学校への進学を志望したが、「絵じゃ飯食っていけん」と親から反対されて諦めた過去を持つ。

高校卒業後は、両親が経営していた飲食店の手伝いを始め、22歳のときに結婚。2人の子どもを授かった。25歳で独立し、喫茶店を開店。店の名前は、兄の知り合いだった俳優・森山周一郎が経営していたバー「百万ドル」にあやかって名づけた。

喫茶店は、その後うなぎ屋に業態を変更。国道沿いに設けた2号店では、ピザやスパゲッティ、ステーキを提供した。40歳のときに、うなぎ屋を現在のカラオケ喫茶に改装。喫茶店だったころから数えると、今年で50周年を迎える。

転機となったのは、40歳のとき。源氏名で「純子」と名乗る18歳の女性が働き始めてからだ。「純子はものすごい人当たりがええんだわ。それがお客さんに受けてかわいがってもらったんだわ。俺も好きやったもんでよ」と、大沢さんの禁断の恋が始まり、愛人となった。当初は5人いた女性スタッフも、純子さんの嫉妬で全員クビにしてしまったという。

大沢さんが56歳のときに、事実婚となった2人の間に男の子が生まれ「ゆうき」くんと名づけた。彼はとてもかわいがったそうだ。ある日、車で純子さんとゆうきくんを小学校に送っている際に、純子さんから「あなたのこと好きよ」と何度も告げられた。その日、2人は家に帰って来ず、それが突然の別れとなった。以来、大沢さんは、純子さんとゆうきくんに会えていない。本妻の奥さんが純子さんに手切れ金を渡したため、ということがあとでわかった。

大沢さんの言葉がたくさん描かれた奇抜な外観。建物上部の大きな目のような模様は「初音ミク」をイメージして描いた

純子さんとゆうきくんの写真はいまでも店内に飾られている

「11年間、純子の実家にいろんなもん送りょうたけど、全部受け取り拒否で戻ってくるんや。だから毎年、純子の誕生日にシクラメンの花を持って行って、玄関先に置いとくようにしとるのよ」と、彼女を思い続けた。純子さんがいなくなってから、大沢さんの生活は荒れに荒れた。自宅を売却し、毎日10万円以上も使って遊び歩いた。本妻とも離婚。やがて、店も休業した。

別れた子どもに会いたい気持ちが描かせた絵
全国から来るお客さんを過剰なサービスで大歓迎

あるとき、大沢さんは剝がれた店舗の屋根をペンキで塗り直していた。ふと無性に子どもに会いたくなり、補修に使った余りのベニヤ板に子どもの絵を描いてみたら、「子どもがそばにおるような、ものすごい幸せな気持ちになった」と言う。

それから大沢さんは、下書きもせずにペンキで絵を描き始めた。店内には、ゆうきくんの姿を想像して描いた4枚の絵が飾られた。それだけでなく、よく見ると「隠れミッキー」のように、「ゆうき」「YUKI」「ユウキ」と、子どもの名前が店の内外にさまざまなかたちでちりばめられている。

外壁には、宝塚歌劇団をモデルにした大きな絵が飾られている。「悲しい思いをしとるときに、宝塚を知ったわけよ。宝塚は人生の縮図で、悲恋物でよ。純子のことを思いながら、涙しながら描いた絵もあるわけよ」と教えてくれた。

また、「神の間」とお客さんが名付けたスペースには、小さいころから夢に出ていたと大沢さんが言う、龍を描いた絵がある。店の中に飾られている計3枚の龍を描き終わったとき、夢の中で「しんわかたれば」という字が流れるようになった。大沢さんは意味がわからないまま建物にその字を記したが、「今になって考えると、『神話語れば』と、俺と純子が神話になるって解釈しとる」と大沢さんは語る。

大沢さんは、前妻にも手伝ってもらいながら、3年前に店の営業を再開した。最初は、その外観の奇抜さに圧倒されてほとんどお客さんが来なかった。『ナニコレ珍百景』（テレビ朝日系列）というテレビ番組で取り上げられてからは、全国からお客さんが訪ねてくるようになり、感謝の気持ちを込めて「全国のみなさんありがとう 武史」と外観に記した。

「ここは、店であって店でにゃあんだわ。わしの応接間みたいなもんで、来たら大歓迎するわけよ」。その言葉通り、取材時もカラオケを歌いにくる中高年のグループや県内の美大生、ヒッチハイク中の青年など、たくさんの人で賑わっていた。過剰なサービスだけでなく、テーブルチャージも取らずに親身になってお客さんの身の上話を聞く大沢さんに、みな会いにくるのだろう。「この前は、大勢の自衛隊員の前で純子の話をしてくれと言われて、さすがに困ったでよ」と笑う。

先日、1年ぶりに再訪したら外観の色が少し塗り替えられていた。さらに、店内に入っていちばん驚いたのは、奥にあったゆうきくんの絵が塗りつぶされて、抽象画に変わっていたことだ。星が誕生する際に生まれる目に見えない妖精をイメージして、その絵を描いたらしい。大沢さんに尋ねると、「塗りつぶすとき抵抗はあったけど、子どもが巣立っていくために妖精にして送り出したのよ」と教えてくれた。

ゆうきくんは、２０１７年で20歳を迎えるはずだ。大沢さんは4年前に前立腺癌が発覚し、現在ホルモン注射で進行を抑えている。「元気なうちに子どもに会いたい気持ちは、ものすごい強いんだわ。その気持ちを絵で発散しとるいぅんかなぁ。もう、ゆぅきはインターネットを見とる年頃やから、連絡してほしいという思いが強いんだわ」と話し、今日も筆を走らせている。

「なんでも描ける思ぅたもん」の言葉通り、「パブレスト百万ドル」は、大沢さんの思いを具現化した壮大なアート作品だ。言語化できない思いをかたちにした、描かずにはいられなかった自らの絵に、彼は救われてきた。たしかに紆余曲折ではあるが、あらゆる規範から自由に生きてきたその人生に、僕はどこか憧れを抱いてしまう。「自由に生きる」ということは、自分で自分の人生を生きていく覚悟を持つ、ということだ。それは、組織や規範に縛られた僕らにとって、もっとも難しいことなのだから。

おおさわ・たけし／１９４２年生まれ／愛知県在住

18.
創作仮面館
Sousaku Kamenkan

創作仮面館

仮面の奥の孤独

最初から誰もいない
1人ぼっちだから描いてきた

東京から東北新幹線で北上すること1時間。那須塩原駅で出迎えてくれたのは、ハンチング帽に病気予防用のマスク姿の「岡田昇」と名乗る男性だった。帽子とマスクの間から僅かに見えるその眼差しや声色から年のころは50代だろうか。

彼の車で走ること20分、たどり着いたのは日本有数のリゾート地の1つ、栃木県の那須高原。近隣には「那須とりっくあーとぴあ ミケランジェロ館」や「那須高原 私の美術館」、そして黄金の巨大神像のある「神命大神宮 那須別宮」など数々の迷物件が立ち並ぶ。

コテージが立ち並ぶ閑静な道路沿いを走っていると、眼前に茂みに覆われた建物が現れた。草は伸び放題でまるで人の出入りを拒んでいるようだ。建物には廃材などでつくられた無数の仮面が貼り付けられ、入口には空き缶でできた巨大な兵士の人形も見える。ここは、ほとんど開館していないことで有名な「創作仮面館」。案内してくれたこの男性こそ、館の主・岡田昇（自称）さんだ。

生年月日はノーコメントで。岡田昇っていう名前も、実際そうなのかはわからない。というのは、同じ格好のマスクマンが2人いるんです。まぁ、ノーコメントって言ったところで、調べれば全部わかっちゃうんだけど。嫌な世の中ですよね、なんでも調べればわかるっていうのは。ただ、1つ俺のわかんないところは、名字なんだよ。たらい回しされて岡田になってるんだ。名字がいっぱい変わってるんで。

創作仮面館の扉を開けると、長い間閉ざされていたせいか埃が舞い上がった。カビの匂いが立ち込め、2階建ての薄暗い館内に自然光が差し込んでいる。50坪くらいはあるだろうか。高い天井や壁面など至るところに仮面やオブジェが吊り下げられ、四方八方から見つめられている感じがして背筋がゾッとした。

靴を脱いで上がった小部屋には、自作のチャンピオンベルトや仮面を題材にしたドローイングもファイリングされている。ドローイングに登場する人物は本人のようだが、どこか往年の名レスラー「獣神サンダー・ライガー」にも重なって見えた。

創作仮面館

Pura

プロレスとか好きなんです。昔、柔道や格闘技をやっていてね。ほら1人でできるでしょ。そのころは、見ておもしろかったっていう感じだけど自分ではやろうとは思いませんね。痛いのは平気なんだけど、中心になってやるっていうのは今でも嫌いです。

館内にあふれる仮面に目を凝らすと、自転車のサドルや扇風機の部品などが仮面の一部として使われており、その多くが廃材とされているものばかりだ。

「ゴミからゴミをつくったんです。俺は世間のゴミだしね。「最終的に人間社会は滅びるぞ」と言われて、50年は経ってると思うんですよね。今の社会って、ずる賢く立ち回ってる奴しか生き残れないじゃないですか。そういう人間の余りの傲慢さに対して、何もできないからやってるんですよ。

そう語る岡田さんは椅子に座り、ゆっくりと自らの半生を語り始めた。

昔から自分に自信がないんです。子どものときに両親が亡くなって、ずっと1人で生きてきてね。仲間もいなければ友だちもいない。モテたこともないんだから。女が汚ねえもんだと思ってるから、自分から避けるんです。そんな人間がやることは、1人でできることでしょ。絵を描くとか、最終的にみんなそこに行くんですよ。結局この社会で成功してドロップアウトした人でも、何もないときに必ず絵とか始めるんですよ。自分はそういう経過を踏んで絵を描いているわけじゃなくて、最初から誰もいない1人ぼっちだから描いてきた。できることは、絵を描いたり盗人をするくらいだからね（笑）。

室内には賞状も飾られており、東京や海外の美術展に入選するなど、かつては美術業界の渦中にいたようだ。

当時は電車ですぐ上野に行ける場所に住んでて、上野駅の立ち食い蕎麦が美味くて、いつもそこで食って作品を持って行ってたなぁ。フランスやソビエトにも出したりしてて、フランスじゃあ「ル・ジェル賞」、つまり英語で言えば「ツーエミー賞」って言うのを取ったんですよ。2位ということですね。平面と立体両方の作品を国内外のどこにでも出展してたからね。ＰＡＲＣＯの「日本オブジェ展」やプランタン銀座の「人形展」とか、美術展とコンクール合わせて年間10本くらいは賞を取ってたから、とにかく嫌がられて邪魔がられて。だもんで、こいつは、っていっても自分のことですけど「あんなアウトサイダーはいない、秩序も何もない」と。だからそういう世界では「新人類」って言われて、いろいろバッシングがあったけど、どうせ10年やったらやめようと思ってたからね。

侵入者の存在を拒むように意図的に草は刈り取られていない

仮面はね
被ったときにすごい力が出る

そんな岡田さんは「静かなところでゴミ（作品）をつくろう」と、今から20年ほど前、都心を離れて「30歳のときに購入したバンガローのある岳温泉（福島県二本松市）と都心のちょうど中間だった」という理由だけで、縁もゆかりもない、この栃木にやってきて創作仮面館をオープンした。しかし、なんと開館当初から、ほとんど休館していたという。

この仮面館は、バブルのちょっと後に購入したから高かったよ。だからマスクマン歴も20年くらいだね。そもそも都心の家も手作りしたんだよ。穴開けてブロックをセメントで固めて、そこから角材を入れて柱を立てて屋根をつけてっていうのを、全部自分でやったんだからら。だから、最初から歪んでいる家だったね。トイレは穴掘って、ボットン便所をつくったよ。頼んだのは水道屋とガス屋と電気屋だけかな。あとは、全部自分でやった。風呂の設備とかガス屋に文句言われてね。結局そこを売り払って、こっちに来たわけ。

仮面館は、半分くらい形になっていたものを増改築したそう。「館内2万点以上」の看板が示すように、これまで2万点以上の仮面を制作。「ストレンジャー」「スペクター」「ペルソナ」とさまざまな名前を名乗り、岡田さんは自作の仮面を被ってマスクマンとして生活してきた。

仮面はね、被ったときにすごい力が出ると思うんですよ。だから、仮面を被ったときに自分の精神以上の力を発揮して、自分じゃなくなるんです。周りの見る目がまず違ってくるんですね。それから、ちっちゃい仮面の穴から外を見た時の世界が、周りから見られてるいつもの自分と違うわけだから、今度は逆に相手を見たときに、そのリアクションというのもおもしろいんです。

当初は、3ヶ月ほど仮面館に住んでいたが、あまりに寒かったので、3度ほど暖かい大田原市に家を購入し移り住んだのだとか。

したくもない仕事も、がむしゃらにしましたよ。肉体労働から建築関係から最低レベルの仕事ばっかり。だって、やりたくてやってるわけではないですから。どこ行っても邪魔者扱いを受けたね。

日雇いの仕事中に電動の回転ノコギリで指を切断したこともあり、いろいろな書類に判子を

押していったら、１００円ショップにある玩具みたいな義指が出てきて拒否したのだとか。身体障害者手帳を取れば５級なのだが、お金がかかるのでやめたという。そんな不遇な人生を過ごしてきた岡田さんの根底にあるのは、「人間に対しての反抗」。話の端々に、その言葉が出てきた。

リンカーンが「人民の人民による人民のための政治」って言ったけど、全部人間のための法律でしょ。人間なんてのはいちばんろくでもない生き物ですよ。

4歳から70歳まで創作仮面館で絵画教室

「人間嫌い」の岡田さんが、優しい視線を向けるのは子どもたちだ。都心にいる頃から東京、埼玉、神奈川などの児童館やコミュニティセンターで絵画教室を定期的に開催し、現在も４歳から70歳くらいまでの人たちを対象に、月に２〜３回ほど、この創作仮面館で「セピア造形絵画教室」を開いている。

今の子どもたちってマスメディアに頼っちゃってるから、自分の表現がちっちゃいんですよ。だからってわけでもないけど他にやることもなかったんで、仮面を被って教室をやってたんです。栃木に越してきてからも大田原の自宅と仮面館で絵画教室は続けてて、大田原の方は最近やめちゃったんです。仮面館の方もやめようと思ったけど、親御さんたちの声もあって続けてるんです。

館内に飾られている写真には、子どもたちとの絵画教室の様子も。しかし、岡田さん本人の素顔は黒く塗りつぶされている。

今は近所付き合いも挨拶程度で、隣の老婆とは性格が合わないですね。仲良くしてる人もいないし、絵画教室の父兄とも一線は引いてますから。だから、気が楽ですよ。寂しいでしょうって言われるけど、寂しくないですよ。だって猫がいっぱいいるんだから。

そう語る岡田さんは、大田原市の自宅で猫たちと暮らしている。都心にいるころに飼ってた猫と、こっちで保護した猫をあわせると20匹はいるそうだ。中には原発事故の影響からか、生まれたときから目の見えない猫も。

今繁殖期なもんだから、こちらもギブアップ状態で頭を痛めてますよ。猫の世話をするの

ピー
ピーピー
ヒャラカラカン
ドコスコ
ドコスコ
ドコスコドン
ドンドコ
スコドン
ドコスコドン

近作は、「たまちゃん」「しいちゃん」の姉弟が登場するオノマトペ入りの絵画。周囲の布は骨董市などで購入した古布を貼り付けたもの

に金が欲しいです。地位も名誉もいらないから金が欲しい。でも、金だけは入って来ないですね。タイムリミットまで後10年か15年かな、最終的には使い果たして行くわけですから。

猫との暮らしを支えるため、今でも新聞配達の日々。「猫が怖がるから」と自宅への訪問は叶わなかったものの、代わりに見せていただいた自宅の天井には沢山のドローイングが貼り付けられていた。

これは、17歳ころから頭の中にあった「風景」をそろそろ描かなきゃと思って、3年くらい前から描き始めたんですよ。頭の中では立体的に見えてるわけだから、あっちからもこっちからも描けるわけ。

この絵は岡田さんの脳内に存在する架空の「風景」で、人間は一切出てこない。「人はいつか滅びる」というメッセージがそこにはあるという。

どのくらいあるのか数えてないけど、けっこうありますよね。天井と壁にも貼ってあるんですよ。ペンや鉛筆や絵の具で描いてるんだけど、猫が引っ掻いたりシッコしたり、下の方は全部ビリビリに破いたりして。でも、それでいいんですよ。ひどいのは後ろからガムテープで貼って留めてるけどね。そうしないと、パッと見た瞬間、どこの場所だって頭の中でイメージできないからね。夜中気分悪いときとかは起きて、猫が側で寝てるところで描くからね。だんだん「風景」は広がってってってるんですよ。

絵の中で岡田さんは自由だ。時には地上2メートルくらいの位置から俯瞰して「風景」を描いているという。

どういう空間からでも描けるんだよね。それがおもしろいです。やっぱり精神的なものを立て直すには、いいかもしれないですよね。だから最終的に人は絵を描くんですよ。そりゃあ当然、描かない人もいますよ。でも、絵を描くっていうのは、紙が1枚あって、鉛筆があればいいわけですからね。それで精神を立て直すんですよね。

ヘンリー・ダーガーやフェルディナン・シュヴァルの例を挙げるまでもなく、岡田昇さんというアウトサイダー・アーティストもまた、自らの不遇な人生が引き金となり制作を始めている。美術業界の真っただ中で活躍しながら、そこからドロップアウトしなければならなかった理由は、もしかしたらまだ語られていないのかもしれない。けれど、自分のやりたいことをやり続けている岡田さんはどこか楽しそうだし、もしかしたら「仮面」を被ったままいろんなことから逃げているのは、僕たちのほうかもしれない。

仮面館を出るときになって、岡田さんが「兵馬俑」と呼ぶ巨大な兵士の人形たちが、キャットフードの缶でできていることに気づいた。最初は恐ろしい巨人兵だったけれど、岡田さんの猫たちの姿が見えるようで、ちっとも怖くなくなった。

「よかったら持って行ってよ」と、帰りにいただいた缶コーラ。見たことのないメーカーだったけど……。


そうさくかめんかん／生年不詳／栃木県在住

平成30年5月21日、創作仮面館館主・岡田昇さんが永眠されました。享年70歳。

その唯一無二の表現に何度もこころを打たれました。謹んで哀悼の意を表します。

世界を治癒する者　花房太一

その物質に、われわれが死ぬよりまえに出会うか、または出会わないかは、偶然によるのである。

マルセル・プルースト

ケアワーカーからキュレーターへ

クシノテラスを運営する櫛野展正は、岡山大学教育学部を卒業してから16年間、福祉施設でケアワーカー（Care Worker、介護士）として勤務していた。施設が運営する鞆の津ミュージアムのキュレーターを経て、アウトサイダー・キュレーターとして独立し、2016年からクシノテラスを運営している。

福祉施設職員から、アートの世界へ。そこには、大きな落差があるように見える。そのため、櫛野の活動やクシノテラスでの展示について、福祉とアートを架橋する言説は希だった。[※1] しかし、その語源に遡ってみれば、ケアワーカーからキュレーターへの転身は、自然な成り行きだった。

　まず、「福祉」は英語ではWelfareである。Welは“well”で善いという意味だ。“fare”の語源はラテン語の“faran”で、これには共に在る（get along）という意味が含まれている。[※2] 櫛野はアウトサイダー・キュレーターとは「アウトサイダー・アーティストと伴走する者だ」と定義しているが、それは文字通り「福祉」（Welfare）なのだ。また、キュレーターという単語の語源はラテン語の“curare”で、治癒する（Cure）、世話する（Care）という意味がある。したがって、ケアワーカーが障がい者と伴走する者であるなら、キュレーターはアーティストと伴走する者なのだ。伴走する相手が障がい者からアーティストへと変わったものの、櫛野は変わらず他者と伴走することを職業としている。この点において、彼の転身は自然な成り行きであったことが分かる。

※1　これは、櫛野自身がクシノテラスの活動を福祉の枠内で捉えられることを避けているからでもある。２０２０年の東京オリンピックに向けて福祉的観点から障がい者を中心とした「アール・ブリュット」に多額の予算が充てられているが、櫛野は「多様性」という名のもとに一律に善きものとされる「アール・ブリュット」批判の急先鋒として矢面に立っている。

※２　「先へ進む」「年を取る」といった訳が当てられることが多いが、文字通り読めば、「……に沿って受け取る」ことになる。そこから「仲良くする」という意味でも使用されるが、アウトサイダー・キュレーターという単語を明確にするために、ここでは文字通りの意味から「共に在る」と訳した。

家としてのクシノテラス

昨今、アウトサイダー・アートの展覧会が国内外で多く開催され注目されている。特に、日本では福祉的な観点から積極的に政策に取り入れられており、アウトサイダー・アートという言葉は一般的になってきた。しかし、アウトサイダー・キュレーターという言葉は聞いたことがない。それもそのはず、櫛野の造語である。本論では、アウトサイダー・キュレーターを定義することで、櫛野展正を批評の俎上にあげ、クシノテラスの臨界点を見極める。

孤高のアウトサイダー・キュレーター櫛野展正に対しては、福祉関係者からもアート関係者からも批判が向けられる。中でももっともよく見られる批判は、このような内容だ。

「アウトサイダー・アーティストは自分の作品を他人に見られることを望んでいないのではないか?」

クシノテラスの活動から解釈したわたしの答えは、以下のようになる。

「アウトサイダー・アーティストは見られることを欲している。ただし、特定の方法で。」

では、特定の方法とは、どのような方法だろうか?

櫛野はアウトサイダー・アーティストの制作現場（多くの場合、アーティストの自宅）を訪れることを推奨し、「櫛野展正と行く!アウトサイドの現場訪問」というツアーを企画している。ここで、櫛野はわたしたちが「訪問権」を行使することを後押ししている。そして、わたしたちは訪問者である限りにおいて、彼らから「歓待」を受けることができる。

ここにおいて、櫛野は期せずして美学の古典『判断力批判』を著したイマニュエル・カントと共鳴する。カントの「永遠平和のために」の一説を引いてみよう。※3

> ここで、歓待、すなわち〈善きもてなし〉というのは、外国人が他国の土地に足を踏みいれたというだけの理由で、その国の人から敵としては扱われない権利をさす。その国の人は、外国から訪れた人が退去させられることで生命が危険にさらされない場合にかぎって、国外に退去させることはできる。しかし外国人がその場で平和的にふるまうかぎりは、彼を敵として扱ってはならない。
>
> 　ただし、外国から訪れた人が要求することができるのは、客人の権利ではない。この権利を要求するには、外国から訪れた人を当面は家族の一員として遇するという特別な条約が必要であろう。外国から訪れた人が要求できるのは、訪問の権利であり、すべての人が地表を共同で所有するという権利に基づいて、たがいに友好的な関係を構築するために認められるべき権利なのである。

※3　カント著（中山元訳）「永遠平和のために」『永遠平和のために／啓蒙とは何か　他3編』2006年、光文社古典新訳文庫、p.185

まず、カントが国家間の訪問と歓待を、家の比喩で語っていることに注目しよう。[※4] 家という空間は公共空間から区別されている。現在でも、他人の家に入るには、警察ですら礼状を必要とする。つまり、家はプライベートな空間である。しかし、プライベートな空間であっても、そこを訪問することに限っては、家主から歓待を受けることができる。ただし、それは客人の権利ではない。わたしたちは、彼の家を通り抜ける（get through）訪問者である。

ここにおいて、櫛野展正のスペースが「クシノテラス」と名付けられている理由が明らかになる。クシノテラスはアウトサイダー・アーティストが住むプライベートな家の「テラス」なのだ。[※5]

図1を見ていただきたい。アウトサイダー・アーティストの家はプライベートな空間である。そこに行けば、歓待を受けることはできるが、その家は遠く離れた場所にあることもあるため、訪問は容易ではない。また、カントが条件をつけているように歓待を受けることができるのは「外国人がその場で平和的にふるまうかぎり」であって、平和的にふるまっていないと家主に判断された場合には、「国外退去」させられてしまう。しかし、その家は高い壁で囲われた城ではない。カーテンを開ければ部屋の様子は見えるし、ベランダにはプライベートな洗濯物が干してある。公共空間としてのストリートを散歩するわ

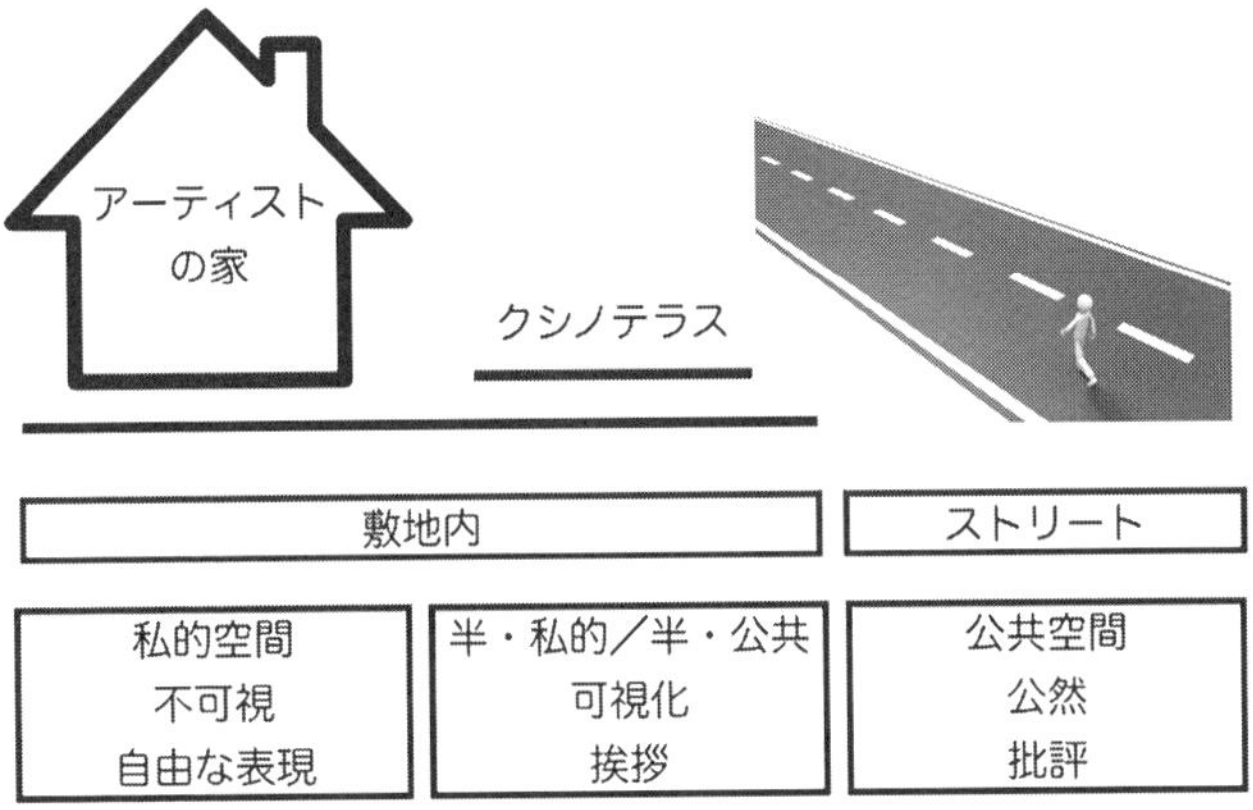

図１：アウトサーダー・アーティストの家／クシノテラス／ストリート

たしたちは、その家を横目で見ながら通り過ぎる。そして、クシノテラスはアウトサイダー・アーティストの家の敷地内にありながら、ストリートとの接点として存在している。侵入はできないが可視化された空間。半・公共的で、半・私的な場として、クシノテラスは在るのだ。

同時に、クシノテラスが緩衝材として機能することで、美術史＝アートヒストリーを形成する批評の場も確保される。芸術作品の創作や鑑賞はプライベートなものだが、ミュージアムに象徴されるアートヒストリーは公共的なものだ。

※4　幸運なことに、日本語ではNation Stateを「国家」と翻訳する。

※5　Terraceの語源は「盛り上がった土」（古フランス語）だが、それは墳墓のようでもある。「美術館（ムゼーウム）と霊廟（マウゾレーウム）を結びつけているのは、その発音上の類似だけではない。あのいくつもある美術館というものは芸術作品の墓場のようなものだ。」（テオドール・W・アドルノ著（渡辺祐邦、三原弟平訳）『プリズメン』１９９６年、ちくま学芸文庫、p.265)

つまりアートヒストリーは公共性をめぐる収奪の場なのだ。わたしのような批評家は、収奪し、また収奪される戦場で戦う兵士である。もう一度カントに戻ろう。[※6]

> これと比較するために、開化された民族、とくにヨーロッパ大陸で商業を営む諸国の歓待に欠けた態度を考えていただきたい。これらの諸国がほかの大陸やほかの諸国を訪問する際に、きわめて不正な態度を示すことは忌まわしいほどであり、彼らにとって訪問とは征服を意味するのである。

大英博物館やルーブル美術館を訪れて、その収奪の激しさに驚いたことがある方は少なくないだろう。植民地にあった巨大な列柱など、どうやって移動したのかすら分からない物体が「作品」として陳列されている。このように、アートヒストリーは略奪によって形成されてきた。

おそらく、同様の事態がアール・ブリュットを巡って発生している。アウトサイダー・アーティストの作品を公共的な場に移動し、その行動自体を善行として誇ること。正義のアート。無謬のアート。残念ながら、略奪は進行中である。櫛野が行政の使用するアール・ブリュットという言葉ではなく、あくまでアウトサイダー・アートという言葉にこだわるのは、この略奪に抵抗するためだ。

そのために、彼はクシノテラスという場のあり方を発明した。権力の名のもとに行われる略奪と暴力に満ち溢れた公共空間ではなく、アーティストの家の敷地内にありながら、可視化された場。半・公共的でありながら、半・私的でもある場。権力を否定するでもなく、私的空間に閉じこもるでもなく、両者の共存を可能にする実践の場。それが、クシノテラスだ。そこで、わたしたちはストリートを通り過ぎる通行人だ。偶然、テラスに顔を出したアウトサイダー・アーティストと出会うこともあるだろう。それでも、彼の作品を略奪することはできない。作品が展示されている場所は、アーティストの家の敷地内だ。テラスに掲げられた作品を見ながら、わたしたちは挨拶を交わすだろう。いいお天気ですね。そして、通り過ぎる。そのあと、作品を忘れてしまうのも、作品について黙考するのも、誰かと批評的な権力の闘争を行うのも自由だ。もちろん、アーティストには私的な家の中でこれからも表現を行う自由が確保されている。挨拶を交わすだけの場。すれ違いの場。クシノテラスがあることで、わたしたちは略奪を回避しながら、私的空間と公共空間を共存させることができる。その技術（クンスト！）がクシノテラスという発明品、あるいは作品なのだ。

櫛野は、私的空間のアウトサイダー・アートを照らす。公共空間の暗闇を照らす。クシ

※6　カント著（中山元訳）「永遠平和のために」『永遠平和のために／啓蒙とは何か　他3編』2006年、光文社古典新訳文庫、pp.186-187

ノテラスが照らす光のもとで、わたしたちにはどんな実践が可能だろうか？　その問いに答えることが、わたしたちの責任（responsibility）である。

オルタナティヴな公共

ここからは、本書でも取り上げられているアウトサイダー・アーティスト藤本正人の作品からアウトサイダー・キュレーターについて考えてみよう。

藤本はホームレスだ。では、ホームレスとは誰か。それは公共空間に住む人である。彼にとって、公共空間はそのまま私的な家＝ホームだ。彼はホームレス＝家がない人ではない。彼にとって、世界はすべてホームだ。つまり、ホームレスには世界がホームフルな場として現れる。

藤本は河川敷に住んでいる。雑草が生い茂るそこは、金八先生さながら、通学や通勤のために人が往来する生活道路となっている。彼のホームを人々が訪問し、過ぎ去ってゆく。そうした訪問者への歓待として、藤本は作品制作を始めた。

ところで、歓待には技術があるだろうか。歓待の技術があるとしたら、その最高位はカルピスだと思う。小学生のとき、友だちの家に遊びに行くと、おばちゃんがカルピスを出してくれた。薄かったり濃かったり、混ぜきれてなかったり、家によっていろいろなカルピスがある。なぜ、カルピスがこんなに思い出に残っているのだろう。カルピスを作る技術は稚拙かもしれない。しかし、それは紅茶に浸されたマドレーヌのように、わたしたちを遥かな追憶へ誘う。

藤本が選択した技術は、持っていたキッチンバサミ使って、雑草をディズニーのキャラクター柄に刈ることだった（以下、この作品を「雑草ディズニー」と表記する）。ホームフルな世界では、私的な歓待も公共性を帯びる。藤本の行動は文字通り公共事業だ。雑草はすぐに繁殖するため、定期的に刈る必要がある。そのため、河川敷の広場を維持するには莫大なコストがかかる。藤本が雑草ディズニーを制作することは、そのまま河川敷を美しく保つ公共事業でもある。したがって、彼の行動は公共的である。

しかし、彼の存在は行政から見れば保護すべき対象となる。行政は生活保護の申請を勧めた。ところが、藤本は申請を拒否した。なぜなら、生活保護を受けると、雑草ディズニーを制作できなくなるからだ。公共機関からの保護は、彼から公共的であること＝パブリシティを奪ってしまう。それどころか、彼からホームをも奪ってしまう。

わたしたちは彼になんと言えばよいだろう。彼を見て何を思えばよいだろう。いや、この思いやり自体が善意の押しつけに過ぎない。アウトサイダー・キュレーターがもっとも嫌う行為である。

わたしたちは彼を思いやる必要などない。なぜなら、その思いやりは憲法違反だからだ。

すべて国民は、個人として尊重される。生命、自由及び幸福追求に対する国民の権利については、公共の福祉に反しない限り、立法その他の国政の上で、最大の尊重を必要とする。（日本国憲法第十三条）

藤本は彼なりの幸福を追求している。たしかに、他者から見れば彼の生活や行動は不幸に見えるかもしれない。それでも、彼が幸福だというのなら、それを侵害することはわたしたちにはできない。なぜなら、憲法で禁止されているのだから。

わたしたちは個人として幸福を追求する権利を持っている。ただし、公共の福祉に反しない限り。では、藤本は公共の福祉に反しているだろうか。むしろ、公共の福祉に奉仕しているのではないか。

わたしたちは、彼を救う必要はない。彼を否定することもできない。わたしたちに求められていることは、彼に最大の尊重を贈ることだけだ。

しかし、批評家としてのわたしは、作品についての評価を下さねばならない。それが、公共空間＝出版（publicity）における批評家の責任だ。

雑草ディズニーのクリティカル・ポイントは、著作権である。ディズニー社は著作権の管理に厳しく、公立学校の生徒がプールの底にディズニーのキャラクターを描いただけで著作権を請求された事件もあるほどだ。また、アメリカの著作権法はミッキーマウス法とも呼ばれており、ミッキーマウスの著作権が切れそうになるたびに、保護期間が延長されてきた。現在、アメリカの著作権保護期間は70年、日本は50年である。

さて、藤本の雑草ディズニーは著作権を侵害しているだろうか？　まず、彼は対価を得ていない。もし、雑草ディズニーが行政から委託された作品であるなら、著作権侵害になる。しかし、彼は私的に公共的な活動をしてしまっただけだ。そもそも、彼は所得も資産もほとんどないだろう。著作権侵害を訴えられたところで、賠償金の支払いは不可能である。したがって、この件をディズニー社が知って訴えても裁判費用が発生するだけで、ディズニー社にはなんの得もない。

加えて、この作品は雑草という植物をメディウムとして使用している点にも注目しよう。雑草は伸びる。雑草は枯れる。つまり、短期間で消滅してしまう作品なのだ。著作権保護期間の50年どころか、50日も維持できないだろう。また、著作権法では条件付きで「個人的に又は家庭内その他これに準ずる限られた範囲内において使用すること」が認められているが、そもそも公共空間と私的空間が一致しているホームレス＝ホームフルな世界にあって、その境界を確定させることは極めて困難だ[※7]。

このように、雑草ディズニーは著作権法が示す公共性に思わぬ批判を投げかけている。

※7　「著作権法第五款著作権の制限」参照。

著作権については、長らく保護期間の延長が議論されてきた。しかし、逆にたった50日の作品があったならどうだろう。対価を得ないオルタナティヴな公共事業ならどうだろう。公共空間であり、同時に私的空間でもある世界では、著作権はどのように保護されるのだろう。

藤本の作品が、著作権の概念やキャラクターという存在を思わぬかたちで批判しているにしても、彼自身は国家や社会、また企業を否定しているわけではない。そもそも、彼はディズニーに象徴される消費社会がなければ生きていくことができないだろう。消費社会は彼にとって無償の贈与として現れている。そして、彼は雑草ディズニーという作品を世界への贈与としてお返しししているのだ。

この贈与は一定期間で消滅する。このことを、櫛野は「アウトサイダー・アートには刹那が伴う」と表現する。この言葉が、またしても「歓待」の思想と共鳴する。ジャック・デリダはカントの「永遠平和のために」を批判して、以下のように書く[※8]。

一方には、権利と義務、さらには政治を超える無条件の歓待があり、他方には権利や義務によって囲い込まれている歓待があります。つねに一方は他方を堕落させる可能性を持ち、この堕落可能性を還元することはできません。それは還元不可能なものであるべきなのです。たしかにこの自粛（「来なさい、入りなさい、私の家にとどまりなさい、お前の名前は聞きません、責任を持てとも言いません、どこから来てどこへ行くのか、などとも聞きません」）のほうが、留保なき贈与を提供する絶対的な歓待の名によりふさわしく見えます。そしてそこに言語の可能性を見出す人もいるかもしれません。黙していること、それはすでにありうべき言葉《パロール》のいち様態なのです。

藤本の作品はたしかに権利と義務が規定された法律に触れるかもしれない。しかし、その作品は政治を超える可能性を有している。無条件な歓待が法的な時間の範囲で捉えられたとき、それは制限付きの歓待と対立し、両者が堕落してしまう。しかし、デリダはぎりぎりのところで、無条件の歓待の可能性を、言葉＝パロールとして救い出す。パロールとは、発話と訳されることもあるように、辞書や文字などの体系化された言語に対して、個人が具体的に使用する言葉を指す。声として発せられたパロールはいずれ消滅する。しかし、その言葉が発せられた刹那には、無条件の歓待が実現されうるのだ。藤本の作品はそのようなパロールとしてである。[※9]

※8　ジャック・デリダ著（廣瀬浩司訳）『歓待について―パリのゼミナールの記録―』1999年、産業図書、p137
※9　藤本が言語ではなく作品という形で表現し、実際には「黙していること」も、彼の作品が無条件の歓待としての可能性を有していることを証明している。

彼の作品の独自性は、雑草というメディウムを使用したことにあった。発話は空気の振動とともに消滅してしまうが、雑草は伸びて枯れるまでの一定期間、そこにあり続ける。つまり、彼の作品は無条件の歓待の刹那を少しだけ延長するのだ。

このような作品を制作することが可能だったのは、藤本が自然と伴走しているからだ。彼の作品は、カントが最高美とした自然美を礼賛している。※10 彼は自然の多様性を受け入れ、それと対峙することで世界をサバイブする。

さて、自然の中で、作家と作品はサバイブできるだろうか。わたしたち人間はいずれ消滅する。絵画も月日が経てば劣化する。燃えてしまえば消滅する。美術作品の中で、もっとも長く残るメディウムは石だと言われているが、石も火山の熱に晒されれば溶けるし、強い衝撃を受ければ砕け散る。それでも、自然は続く。だから、美しい。芸術作品の本質は、その永遠と刹那が同居する点にある。

藤本は刹那に生きる。そして、刹那の中に永遠を見る。※11

彼は超越性を求めてはいない。超越性を描こうともしていない。ただ、彼のホームを通過する訪問者たちを楽しませたいだけだ。超越的な自然を受け入れているだけだ。つまり、彼は超越的に現れる自然と伴走しているのだ。そして、圧倒的な贈与を永遠に与え続けてくれる自然に、刹那な作品をお返しする。ここで、アウトサイダー・キュレーターは贈与の媒介者として在る。櫛野を通して彼の作品を見るわたしたちは、その恩恵に預かっているのだ。

アウトサイダー・キュレーターは世界を治癒する

アウトサイダー・キュレーターは治癒する者である。公共空間と私的空間のあいだにあって、血の流れない革命を着々とすすめる実践者。永遠に不可能な歓待を、刹那のなかで実現する革命家。それが、アウトサイダー・キュレーターである。

わたしの個人的な希望を込めた予言で締めくくりたい。いずれ、わたしたちの憲法は以

※10　カントは訪問権の根拠を「地球の表面を共有する権利に基づいて」定義している。「この地球という球体の表面では、人間は無限に散らばって広がることができないために、共存するしか無いのであり、ほんらいいかなる人も、地球のある場所に居住する権利をほかの人よりも多く認められることはないはずなのである。」（カント著（中山元訳）「永遠平和のために」『永遠平和のために／啓蒙とは何か　他3編』２００６年、光文社古典新訳文庫、pp.185-186）

※11　九鬼周造によれば、これは日本の芸術の特徴である。「無限と永遠は心の中、思考の中にしか存在しない。造形芸術においてであれ、詩歌においてであれ、音楽においてであれ、「内的芸術」は無限と永遠を客体化する。日本の芸術にはすべて非物質性が浸透している。それは決して外的ではなく、外的なものを退ける。各々の芸術作品がそのことを証明している。そして、この性格を把握しない人は日本の芸術をまったく理解しないであろう。こうして、日本の芸術において、その題材ないしは事物に属するほとんどすべては、無限と永遠の有限でつかの間の象徴と見なされなければならないと結論することになる。」（九鬼周造著、小浜善信編「日本芸術における「無限」の表現」（『時間論　他二編』所収）２０１６年、岩波文庫、p.58）

下のように書き換えられるだろう。

すべて国民は、個人として尊重される。生命、自由及び**不幸追求**に対する国民の権利については、**私的な福祉**に反しない限り、立法その他の国政の上で、最大の尊重を必要とする。

All of the people shall be respected as individuals. Their right to life, liberty, and **the pursuit of unhappiness shall**, to the extent that it does not interfere with **the private welfare**, be the supreme consideration in legislation and in other governmental affairs.

アウトサイダー・キュレーター櫛野展正は憲法を治癒している。彼は永遠に不可能な憲法改正の実践者だ。

わたしは櫛野と伴走しよう。櫛野がアーティストと伴走するように、藤本が自然と伴走するように。

花房太一（はなふさ・たいち）
美術批評家、キュレーター。1983年岡山県生まれ。慶應義塾大学総合政策学部卒業、東京大学大学院（文化資源学）修了。牛窓・亜細亜藝術交流祭・総合ディレクター、S-HOUSEミュージアム・アートディレクターなど。
個人ウェブサイト　hanapusa.com

おわりに

1995年の阪神・淡路大震災以降、日本列島は再び地殻変動期に突入したと言われている。2011年の東日本大震災以降も大規模な地震やその余震が頻発し、もはや日本列島に安全な場所を見出すことさえ難しい。そんな状況下で、僕の脳裏をよぎるのは、ラテン語の「メメント・モリ」という言葉だ。直訳すれば、「(自身にいつか必ず訪れる)死を忘れるな」という意味で、普段意識することはないけれど、僕らは常に「死」と隣り合わせの日常を過ごしている。しかし、「災害は忘れたころにやってくる」という言葉に象徴されるように、すぐに過去の災害を忘れてしまうのも、また事実だろう。昨日の夕飯の内容さえ忘れてしまうほど、記憶というものは実に弱々しく、簡単に消えてしまう実体のないものだ。だからこそ、人々は〝生〟を眼前に突きつける表現者の存在を求めている。本書に登場するような人たちが近年脚光を浴びているのも、そうした理由があるのだろう。

そうした人たちの表現は、見るものに「なぜ」「何のために」という思考さえ停止させてしまうほど解釈不能な独特の世界観を構築しており、その背後には制作者の生き様を幻視させる。こうした表現や作品の多くは、美的価値がないと誤解され、俗悪なものとしてこれまで正当に評価されることはほとんどなかった。しかし、「美術」の中に価値を見出せなくても、場末のスナックでカラクリ人形芝居の練習を重ねる城田貞夫の姿や大病を経験した後で自宅の装飾を続ける小林伸一の姿などに心打たれる人は多いはずだ。それは、日本人の人生観を特徴づける「無常」にも関係している。「無常」とは、この世界のすべてのものは生滅変化して留まることがないという意味の仏教用語で、この世には普遍なものや永遠に変わらないものなどないということである。日本人は中世以来の思想や文学において弱々しいもの、移ろいゆくものの儚さへのあこがれを抱いてきた。こうした日本古来の美意識と鴨長明が「方丈記」で記述したような地震や風水などの天災に対する順応的な態度とが重なり合って、人生における無常観は形成されている。そのため、脆弱で身近な素材を使用し、いつかは朽ち果ててしまうことが容易に予想される制作物や、ただ「いま」を連続して必死に生きる当人たちの姿に、見るものは現実世界では到達困難な自らの姿を代わりに投影させているのだ。そして、「死」を意識したとき、いつも思うのは自分の生きてきた証をどう残すかということだ。たくさんお金を稼いだり地位や名誉を得たり大きな家を建てたりと、いろいろな人生の過ごし方はある。でも、そうした社会的な評価ではなくて、他人とは違う唯一無二の人生の痕跡みたいなものが、僕が追い続けている人たちには確かに存在する。

僕の好きな小説に宮沢賢治の『毒もみのすきな署長さん』という話がある。主人公の警察署長は、法律で厳しく禁じられている毒を使って魚をとるのが大好きで、それが発覚して刑死してしまう。法律で禁止され、厳罰に処せられようと好きなものは好きだ、という豪胆な人物が描かれた話だ。物語の最後に「ああ、面白かった。おれはもう、毒もみのこととときたら、全く夢中なんだ。いよいよこんどは、地獄で毒もみをやるかな。」と署長は笑い、賢治は「みんなはすっかり感服しました」と話を結ぶ。自分の快楽のためだけに毒もみをした署長に、みんなは怒ったのではなく感服してしまったのだ。既存の価値判断を越えて、世の中にはどうしようもない欲求を持ち合わせてしまった人たちがいる。同時に、それを必ずしも絶対悪と見られない「みんな」もいる。

本書で紹介した人たちは、この署長のように自分だけの快楽を追求した人たちだ。稲村米治は、寝食を忘れ、多くの昆虫を採取し観音像の建立に熱中した。「パブレスト百万ドル」のマスター・大沢武史は、恥ずかしげもなく失踪した愛人やその息子の名前を店舗に描いた。藤本正人に至っては、行政の反対を押しのけ、斜面の草を刈り取って模様をつくり続けている。共通するのは、極めて個人的な動機で制作されたり表現されたりしたものであるため、本人以外には何の価値も見出せないということだ。生産性や効率性が重視される現代において、他人からすれば無駄とも思えるような行為や表現を延々とやり続けることは、ときに疎外感を生んでしまう。しかし、彼らは、自らの表現に強い自信と誇りを持っている。だから、世間の評価など気にせず自分の中でのルールに従って粛々と表現を続けているだけだ。そして、通常やってはいけないとされている道徳的常識や法律のようなルールを飛び超えて、自らの利己心のまま突き進んでいく生き方と制作にかけられた膨大な時間や尋常ならざるエネルギーの過剰さに、僕らは思わず感服してしまう。

なかには、創作仮面館の館主やラーテルさんのように、生きることと表現が一体になった人たちもいる。彼らは、社会の周縁にいるがために、「自分は一体何者なのか」というアイデンティティの構築に不自由さを抱えている人が多く、継続した表現行為は、その混乱したアイデンティティと表出しがたい言語とを解決するための特効薬であると言える。つまり、そうした人たちにとっての芸術とは、「死」を回避するための《生き延びるための技術》として機能する。加えて、こうした表現を継続していくためには身近な理解者の存在が必要だ。その多くは家族や友人が支えとなっているケースが多いが、その意味では創作仮面館館主の孤立無援な存在は際立っている。これまで周囲との接触をあえて避けてきた館主が、今こうして僕とコンタクトを取ってくれていることは感慨深いものがある。社会と断絶した／させられた人たちが、再び社会と接続するための伴走者として僕は傍で一緒に走り続けたい。今、改めて決意する。

ただ、注意しなければならないのは、彼らの多くは社会的な成功とは無縁であることが多いが、全員が社会的に「アウトサイダー」な存在というわけではないことだ。遠藤文裕は会社員として働きながら、スクラップ制作という自らに課した表現行為に没頭している。し、武装ラブライバーのトゥッティが武装するのは特別な「ハレ」の舞台だけである。要するに、狂人だから制作しているわけではない。正気を保っておくためにつくり続けているのだ。言い換えれば、誰もがアウトサイダー・アーティストになる可能性を秘めている。そう、みんなアウトサイドで生きているのだ。

櫛野展正

初出一覧

クイーン・オブ・セルフィー　西本喜美子　Roadsiders' weekly ２０１６年4月20日
妄想キングダム　遠藤文裕　美術手帖（旧・bitecho　以下同）２０１５年12月28日
隠密ツーリスト　熊澤直子（忍者ぶきみ丸）　Roadsiders' weekly ２０１６年9月7日
怪獣ガラパゴス天国　八木志基　美術手帖　２０１６年2月6日
昆虫メモリアル　稲村米治　Roadsiders' weekly ２０１５年9月2日
ラーテルになりたい　ラーテルさん（あなぐまハチロー）　美術手帖　２０１６年6月15日
ドローイングディズ　辻修平　Roadsiders' weekly ２０１６年3月2日
路上の果て　爆弾さん　Roadsiders' weekly ２０１６年3月2日
極彩色のラッキーハウス　小林伸一　Roadsiders' weekly ２０１６年5月25日
落書きラビリンス　野村一雄　Roadsiders' weekly ２０１６年5月25日
進化するデコ街道　山名勝己　美術手帖　２０１６年2月23日
ヲタの祝祭　武装ラブライバー（トッテイ）　Roadsiders' weekly ２０１７年2月22日
記憶を包む極小絵画　大竹徹祐　美術手帖　２０１６年11月8日
あの味を忘れない　小林一緒　Roadsiders' weekly ２０１５年6月24日
進化を続ける愛の砦　大沢武史　美術手帖　２０１７年1月18日
仮面の奥の孤独　創作仮面館　Roadsiders' weekly ２０１５年6月3日

書き下ろし
お水のカラクリ道　城田貞夫
草むらの親善大使　藤本正人

本書収録にあたって加筆修正しています。

櫛野展正　くしの・のぶまさ

日本唯一のアウトサイダー・キュレーター。1976年生まれ。広島県在住。2000年より知的障害者福祉施設で介護福祉士として働きながら、広島県福山市鞆の浦にある「鞆の津ミュージアム」でキュレーターを担当。2016年4月よりアウトサイダー・アート専門ギャラリー「クシノテラス」オープンのため独立。社会の周縁で表現を行う人たちに焦点を当て、全国各地の取材を続けている。
クシノテラス　http://kushiterra.com

アウトサイドで生きている

2017年４月27日　初版発行
2018年10月17日　第２刷発行

著者　櫛野展正

装丁　川名潤
発行人　宮川真紀
発行　合同会社タバブックス
東京都世田谷区代田6-6-15-204　〒155-0033
tel：03-6796-2796　fax：03-6736-0689
mail：info@tababooks.com
URL：http://tababooks.com/
印刷製本　シナノ書籍印刷株式会社
校正　株式会社鷗来堂

ISBN978-4-907053-18-5　C0095